Rezepte einer Küchenmagd

Rezepte für LARPs und andere Events

Inhaltsverzeichnis

Bärlauchöl 14

Suppenwürze 15

Sauerkraut 18

Nudelteig 20

Elbenwegzehrung 22

Kriegerbrot 23

Suppen und Einlagen 25

Suppeneinlagen 26

Frittaten 28

Backerbsen 29

Eierstich 30

Suppenrezepte 31

Zwergen-Wurzelsuppe 33

Falsche Krebssuppe 34

Karottensuppe mit Einlagen 35

Waldschrat-Suppe 36

Knoblauchsuppe 38

Kartoffel/Karottensuppe 40

Grünlingsuppe 41

Erdnuss-Suppe 43

Gladiatoren-Suppe 44

Tomatensuppe 45

Pikante Linsensuppe 46

Lauch-Karotten Suppe 47

Wintersuppe 48

Rote Rüben Suppe 50
Lauchsuppe 51
Suppe des Ostens 53
Frühlingssuppe 55
Sauerkrautsuppe 56
Waldsuppe 57
Milchsuppe 58
Einfache Gemüsesuppe 59
Brennnesselsuppe 60
Kartoffelsuppe 61
Kürbissuppe 62

Eintöpfe 64
Potjiekos - Eintopf 65
Succotash - Mais-Bohnen 67
Kürbisgemüse 68
Bohnentopf - Westernstyle 69
Linseneintopf 70
Einfache Gemüsepfanne mit Pilzen 71
herbstliche Pilzpfanne 72
Bohneneintopf 73
Kürbiseintopf 74
Tomaten/Gurkenschmortopf 75
Fenchel/Zucchini Schmorpfanne 77

Beilagen 79
Saucen 79
Champignonsauce 80

Mayonnaise 81
Knoblauchsauce/Dip 83
Sourcream Dip 84
Senfsauce 85
Nuss-Sauce 86
Bärlauchpesto 88
Selleriesauce 89
Hokkaido-Kürbissauce 90
Fenchelsauce 92
Lauchsauce 93
Gebäck 95
Trapperbrot 95
Fried Bread 97
Fladenteig 98
Aufstriche 101
Moretum 101
Eieraufstrich 103
Kartoffelaufstrich mit Senf 103
Salate 105
vegetarischer Wurstsalat 106
Kartoffelsalat 107
Tomatensalat 108
Griechischer Salat 108
Warmer Erbsensalat 109
Warmer Salatteller 111
Sauerkrautsalat 112

Tsatsiki 113
Andere Beilagen 115
Kroketten 115
Semmelknödel 116
Knödelteig Waldviertler Art 117
Hauptgerichte 120
Brennnesselbratlinge für Burger 122
Brennnessel gebraten 123
Eiernockerl 124
Panierter Sellerie 126
Äpfel vom Lagerfeuer 127
Karotten mit Orangensaft 128
Tofu auf Spinat mit Sauce 129
Falsche Fische 131
Falsche Fleischleibchen 132
Weiße Bohnen Kotelett 133
Zwergenbraten 134
Karottenvariation 136
Spinatknödel 137
Falscher Spargel 138
Süß-saure Karotten 139
Kartoffelschmarrn 140
Waldnockerl 141
Gemüsige Filetstreifen 143
Gemüsestrudel 144
Kartoffel/Karottenpuffer 145

Geröstete Knödel 146
Spinat mit Kartoffel und Ei 147
Rahmfisolen mit Kartoffel......................................148
Kürbispuffer..149
Pizza ohne Teigboden 150
Arme Ritter 152
Versoffene Jungfrau..153
Nagerlsterz...154
Fleischloser faschierter Braten 155
Sauerkrautnudeln...156
Süßes, Desserts und Breie.......................................158
Karibische Pfannkuchen 159
Grießbrei 160
Apfelnockerl 161
Haferbrei / Porridge..162
Besoffene Birne 163
Milchreis...165
Banane/Apfeldessert..165
Vanilliges Dessert 166
Gebackene Bananen 167
Palatschinkenteig...169
Kaiserschmarrn..170
Mohnnudeln Waldviertler Art................................171
Äpfel im Blätterteig...172
Kalorientabelle 174
Nachwort..178

Herstellung und Verlag:
BoD – Books on Demand, Norderstedt
ISBN 978-3-7392-1051-3

Copyright:
© 2015 Rhiannon Brunner,
Erstveröffentlichung 15.11.2015

Alle Rechte vorbehalten. Abdruck u. Verwendung nur mit schriftl. Genehmigung der Autorin.

Vorwort

Die Rolle einer Küchenmagd ist aus verschiedenen Gründen reizvoll.
Zum einen ist sie, da doch jeder essen möchte, stets "im Dienst". Dadurch erfährt sie Dinge, die die Spieler lieber geheim halten wollen.
Andererseits wird normalerweise Gesinde (darunter fällt auch die Küchenmagd) gern wie Luft behandelt oder unterschätzt. Für die Küchenmagd ist dies sehr hilfreich um an Informationen zu gelangen. Das wiederum macht eine Küchenmagd zur perfekten Spionin.

Um einer solchen Rolle gerecht zu werden, benötigt es aber auch ein klein wenig Geschick im Umgang mit Küchenutensilien, Gerätschaften und nicht zuletzt sollte sie auch mit Rezepte aufwarten können, die ins Spielszenario passen. Während Adelige und sonstige Dienstherren zumeist Speisen aus mehreren Gängen erhielten, blieb dem Gesinde kaum mehr als dessen Reste. Daraus folgerten zumeist einfache, aber kräftige Mahlzeiten.

Bei der Darstellung einer Küchenmagd empfiehlt es sich zusätzlich stets LARP-gerechte Utensilien wie LARP-taugliche Küchenpfannen bei der Hand zu haben. Diese mag notfalls dienlich sein, einem allzu offensiven Spieler eine Lektion zu erteilen. Gleiches gilt auch für LARP-taugliche Krüge.

<u>Ein Wort an die Organisatoren:</u>
Als zusätzliche Empfehlung sei den Organisatoren eines LARP-Events ans Herz gelegt, entweder selber das Küchenpersonal zu mimen oder Nichtspieler-Charaktere, sogenannte NSCs, hinzuzuziehen, die mit dieser Aufgabe betreut werden können. Natürlich sind Selbstversorger-Events leichter zu veranstalten, doch viele Spieler wären durchaus

bereit höheren Obolus zu löhnen, wenn die Verpflegung passt und auch schmeckt. Gute Küche spricht sich schnell herum!

<u>Anmerkungen zu den Rezepten:</u>
Die angeführte Tabelle bei den Rezepten ist als Hilfestellung zu verstehen. Sämtliche Rezepte sind entweder vegetarisch oder vegan. JEDOCH finden sich (mit wenigen Ausnahmen) bei den Rezepten Vorschläge für Fleisch/Fisch.
Dementsprechend lassen sich die Rezepte einfach aufpimpen.
In einigen Rezepten ist Wein als Zutat aufgelistet. Dieser lässt sich (sofern gewünscht) durch simple Suppenwürze ersetzen.

Generell handelt es sich um viele einfache Rezepte. Die meisten davon können sowohl während des laufenden Spiels, als auch davor zubereitet werden. Ausgelegt sind die Portionen auf 2 Personen - sofern nichts anderes dazu verspeist wird. Mit Beilagen, sowie Vor- und Nachspeisen lassen sich die Gerichte auf bis zu 6 Personen vergrößern.
Nicht bei jedem Event bietet sich die Möglichkeit eines Backrohres. Entsprechende Rezepte können jedoch am Tag zuvor zubereitet und mitgenommen werden.

Abschließend gibt es noch eine Kalorientabelle für Ernährungsbewusste. Es handelt sich dabei um Durchschnittswerte. Die exakten Werte müssen selbsttätig errechnet werden.

<u>Begriffserklärung:</u>
Eierschwammerl = Nagerl = Pfifferlinge
Frittaten = Flädle
Karotten = Möhren
Palatschinken = Pfannkuchen
Rote Rüben = Rote Beete
Topfen = Schmand

Historischer Kontext:
Soll etwas Historisches korrekt dargestellt werden, dann ist dies auch bei den Rezepten zu berücksichtigen.
Es wäre ganz schön peinlich zum Beispiel bei einem mittelalterlichen Gelage Gerichte mit Kartoffel oder Tomaten zu servieren.
Jede Epoche verfügte über eigene "Spezialitäten", die erst im Lauf der Jahrhunderte mit neuen Zutaten erweitert oder verändert wurden. Beachtet dies, wenn ihr historische Darstellungen wählt.
Die meisten hier ausgewählten Rezepte sind für viele Epochen nutzbar. Zusätzlich lassen sich bei den meisten Rezepten Zutaten durchaus ersetzen. In diesem Fall probiert jedoch lieber vorher zu Hause aus, wie das Ergebnis schmeckt.

Wenn euch der historische Kontext nicht wichtig scheint, dann dürft ihr diesen natürlich auch ignorieren.
Das Wichtigste an den Rezepten ist ohnehin, dass sie den Magen füllen, schmecken und das Dargestellte unterstreichen sollen.

Checkliste

Die meisten Spieler wissen bereits lange im Vorhinein (oder bekommen gesagt), was sie mitzunehmen haben.

Etwas genereller zeigt sich gewiss diese kleine Hilfestellung hier, denn es wird davon ausgegangen, dass dieses Buch vor allem für die Versorgung des Magens angedacht ist.

Snacks und Getränke:
Achte darauf, auch zusätzliche Snacks dabei zu haben. Dies ist für Blutzuckerspiegel und knurrenden Magen eine Hilfe. Auch Trinkbehälter wie Schläuche oder Flaschen sind eine ständige Notwendigkeit - Flüssigkeitsmangel kann im Notfall sogar den wackersten Recken ins Spital zwingen.

Essgeschirr
Meist ist selber mitbringen angesagt.

Feuerstelle / öffentliches Lagerfeuer
Die Rezepte sind entweder frisch zuzubereiten oder aufwärmbar.

optische Aufwertung
Trinkhorn statt Bierflasche, Holzbrett oder eine große Brotscheibe statt Plastikteller

Unterkunft
Zelt und Schlafsack

sonstiges
Müllsäcke, denn sicher ist sicher

Für die Lagerköche:
Töpfe, Pfannen
Siebe, Schüsseln
Schneidbretter
Messer, Wetzstein
Kochlöffel
Pfannenwender

Schneebesen
Brennmaterial
Transportbehältnisse und Lappen zum schnellen Abwischen der Hände
Messbecher
Putzmaterial
ausreichend Wasser
Kühlbehältnisse
Kaffee/Tee

<u>stets wichtig:</u>
Sauberkeit und ein saubere Lappen

Vorbereitung benötigt

Für einige hier aufgeführte Rezept, so sei vorab angemerkt, muss etwas Zeit zuvor eingeplant werden. Bedenke, dies liegt zumeist am zeitlichen Aufwand, oder auch bisweilen, an der Dauer der Zubereitung.

Rezept		Epoche / Spielwelt
Bärlauchöl	Vegan	Jede
Suppenwürze	Vegan	Jede
Sauerkraut	Vegan	Jede
Nudelteig	Vegetarisch Vegan	Jede
Elbenwegzehrung	Vegan	Jede
Kriegerbrot	Vegan	Wildwest / Kriegerverpflegung

Bärlauchöl

In allen möglichen Geschäften lassen sich eine Vielfalt an Ölen käuflich erwerben. Von Sonnenblumen, Disteln, Oliven und dergleichen fühlt sich so manch einer vermutlich ganz leicht erschlagen. Die spezielleren Öle, meist mit verschiedenen Kräutern, kosten zumeist ein kleines Vermögen. Was also liegt näher für ein besonderes Event ein besonderes Öl zu nutzen?

Ein Öl, das Herrschaft wie Gesinde gleichermaßen im Geschmack erfreut ist Bärlauchöl. Es verfügt noch über einen Hauch Knoblauch ohne wie dieser penetrant danach zu riechen. Vor allem die Damen der gehobenen Schicht wünschen nicht unbedingt nach Knoblauch zu miefen. Wobei gerade diese es sind, die den Geschmack besonders schätzen.

Bärlauchöl selber herzustellen ermöglicht köstlichen Genuss ohne Bedenken.

Benötigt werden:
1 guter Bund Bärlauch - *am besten im Frühjahr gesammelt, darin findet sich die stärkste Kraft*
750ml Olivenöl - *hierbei möge das beste käuflich erwerbbare Olivenöl gerade ausreichen*

Wasche als erstes gründlich den gesammelten Bärlauch. Weder Erde noch anderes soll daran haften bleiben. Nach dem Waschen trockne den Bärlauch und schneide ihn grob. Die kleinen Stücke gebe in eine Schüssel und mische sie unter das Olivenöl.
Nun nehme einen guten Mixer oder Pürierstab (ein kleines Zugeständnis an die Möglichkeiten der Moderne) oder die

gute alte Flotte Lotte. Beachte dabei, nach dem Mixen sollten Bärlauch sowie Olivenöl gut miteinander vermengt sein.

Nun nehme einen gut ausgewaschenen, am besten ausgekochten, Behälter. Verstaue dieses Bärlauch/Olivenöl Gemisch darin, gebe einen Deckel darauf und lasse es in Ruhe 3 Tage in der Küche stehen. Kühlschrank ist hier nicht nötig.
Erst nach dem dritten Tage nehme eine leere, ausgekochte Flasche und gebe einen Trichter mit Küchentuch oder Kaffeefilter in den Flaschenhals. Leere das Gemisch hinein. Lasse dem Öl genügend Zeit um abzurinnen. Das Küchentuch leere aus, den Kaffeefilter entsorge. Übrig bleibt eine Flasche qualitativ hochwertiges, vorzügliches Öl, dessen Aroma dem Gaumen zu schmeicheln vermag.

<u>Anmerkung:</u>
Es ist durchaus möglich, dieses Öl in kleinere Fläschchen umzufüllen und sie während des Events zu veräußern oder zu verschenken.

Des Öles Haltbarkeit liegt bei annähernd einem Jahr, sofern es gekühlt gelagert wird.

<u>Suppenwürze</u>

Schmackhatte und leckere Suppen zu bereiten ist oftmals als Kunst zu betrachten. Sie sollte wärmen, den Magen füllen und zugleich auch den Gaumen kitzeln. Lieblos hineingeworfenes Gemüse, kleingeschnittenes Fleisch und vieles mehr mag oft eher den Anschein eines schnellen Eintopfes erwecken, jedoch gleichzeitig die feine Küche der Suppenzubereitung missen lassen.

Noch vor dem Bereiten der Suppe, ist es sinnvoll die passende Würze dafür herzustellen. Natürlich ließe sich diese käuflich erwerben, dennoch mögen die von mir gewählten Worte wohltuend in den Ohren erklingen, wenn ich sage, selbstbereitete Suppenwürze ist besser und weitaus gesünder denn fertige Ware, die zwar feilgeboten wird, aber keineswegs der Qualität entspricht, die eine gute Küchenmagd ihrer Herrschaft zu servieren gedenke.

Suppenwürze sollte niemals bei einem Fest fehlen. Mit etwas heißem Wasser, einem guten Löffel und einigen Einlagen lässt sich daraus binnen weniger Augenblicke ein gutes, sättigendes Mahl zubereiten, das wenig Aufwand benötigt und dennoch den Herrschaften und dem Gesinde ein glückliches, zufriedenes Lächeln auf die Lippen zu zaubern vermag.

Der Variationen an Suppenwürzen mag schier unendlich sein. Dreierlei Variationen mögen einen ersten Einblick geben in die Vielfältigkeit an Würzen. Eine gute Küche ist mit annähernd vielen Suppenwürzenvariationen ausgestattet wie es Öle aufweist oder in der Kemenate einer feinen, herrschaftlichen Dame an Tiegelchen zu finden sei.

Variante 1
Benötigt werden:
1 guter Bund **Suppengrün**
1 guter Bund **Schnittlauch**
1 guter Bund **Petersilie**
1 gute Handvoll **Salz**
1 gute Handvoll **Liebstöckl**

Variante 2
Benötigt werden:
1 mittelgroße **Knolle Sellerie mit Grün**
1 **Petersilienwurzel mit Grün**
1 **Liebstöckelwurzel mit Grün**

200g Karotten
2 gute Stangen Lauch
2 mittelgroße Zwiebel
2 gute Handvoll Salz

<u>**Variante 3**</u>
<u>**Benötigt werden:**</u>
500g Petersilienwurzel
500g Selleriewurzel
500g Lauch
500g Tomaten
500g Karotten
500g Zwiebel
500g Salz

Zuerst wasche und putze sämtliches Gemüse und tupfe es mit einem Küchentuch trocken. Jegliches aufgelistete Kraut lege in den Ofen und trockne es. Allzu lange dauert dies nicht.
Damit die Zeit nicht nutzlos vertan, schäle nun das Gemüse und schneide es klein.
Sind die Kräuter trocken, dann nehme sie aus dem Ofen und gehe mit dem Kräutermesser (oder einem einfachen Schneidmesser) durch, zerkleinere sie.
Nimm einen Fleischwolf zur Hand (oder einen guten Pürierstab) und zerkleinere alles. Die Masse sollte möglichst klein püriert sein. Reicht einmal nicht, dann gehe sie noch einmal durch den Fleischwolf, bis die Größe passt.
Es geht ausnahmslos um den Geschmack - je kleiner püriert umso besser der Geschmack. Nehme dir also die dafür nötige Zeit. Der Bekochte wird es danken.
Abschließend mische alles noch mit gutem Salz durch, dies verbessert Haltbarkeit und Würzkraft.

Nun nehme ausgekochte, kleinere Gläser oder saubere Steintöpfe, so zur Verfügung sind, und fülle die Masse ein, drücke auch noch etwas nach. Decke sie gut ab und bewahre sie gekühlt auf. Lasse der Würze etwas Zeit, nach ungefähr vier Wochen sei sie nutzbar. Für jeden Liter Suppe reicht 1 guter Esslöffel der Würze völlig aus.

<u>Anmerkung:</u>
Es ist durchaus möglich, diese Würze in kleinere Behälter umzufüllen und sie während des Events zu veräußern oder zu verschenken.

Der Würze Haltbarkeit liegt bei annähernd einem Jahr, sofern es gekühlt gelagert wird.

Sauerkraut

Gutes, selbst bereitetes Sauerkraut fehle in keiner Küche. Wo schon die Seefahrer von diesem Gericht schwärmen, da es sie gesund erhält, kann dies in der gewöhnlichen Küche nur ebenso Gutes bewirken.

Wer denke, dass Sauerkraut lediglich als "Beilage" auf den Tisch gebracht, die Mägen fülle, der irrt. Rezepte gäbe es ausreichend, sofern man wolle. Eine gute Küchenmagd kenne dann doch einige zur Bewirtung.
Natürlich ließe sich Sauerkraut auch am Markte erwerben oder in einem der vielen Läden, derer es so viele gibt, jedoch geschmacklich schlägt nichts das eigenhändig bereitete Kraut.

<u>Benötigt werden:</u>
4 oder 5 große Köpfe weißes Kraut - das erste Kraut des Jahres biete sich an
ausreichend Salz - in etwa 500 g mögen ausreichen
eine gute Handvoll Kümmel - dies ist als Untergrenze zu verstehen, jedoch nicht mehr als das Doppelte

Entferne die äußeren, gröbsten Blätter des Krautes, lege sie beiseite. Die Krautköpfe schneide in dünne Streifen, nicht dicker als Wollfäden. Je feiner die Fäden, umso besser der Geschmack. Den inneren Strunk gebe beiseite, aber werfe ihn nicht weg. Unbrauchbar für das Sauerkraut, aber noch verwendbar für Suppen oder andere Speisen ist er zum Wegwerfen zu schade.

Die feingeschnittenen Krautstreifen gebe in einen großen Topf und mische Salz und Kümmel dazu. Vermische alles gut genug.

Nun nehme ausgekochte Gläser oder ein großes Holzfaß, je nachdem, was zur Verfügung steht. Zuunterst lege die äußeren, gröbsten Blätter, darauf gebe die Krautmischung. Presse alles gut in die Gläser oder in das Holzfaß. Es wird sich oben Wasser bilden, dieses gebe in einen separierten Behälter.
Sobald alles gut eingefüllt ist, gebe noch so viel von dem vorher gesammelten Wasser in die Gläser oder den Bottich, dass die Mischung leicht bedeckt ist. Achte aber darauf, dass mindestens ein Fingerbreit nach oben noch frei ist. Diesen Platz benötigt das Kraut die kommenden Wochen. Nun lege Frischhaltefolie darauf und verschließe die Gläser mit einem Deckel, beim Holzfaß achte darauf, dass sich ebenfalls etwas Passendes zum Verschließen finde.

<u>Anmerkung:</u>
Lasse dem Kraut etwa 6 Wochen Zeit für den Gärprozess. Stelle in dieser Zeit etwas unter die Behälter. Der Gärprozess vermag, trotz des Verschließens, Flüssigkeit aus dem Behälter zu verdrängen.

Fein schmeckt das Kraut zudem, wenn Streifen anderer Gemüsesorten (wie Paprika) mit eingearbeitet werden. Dies erhöht allerdings die Menge benötigter Gläser.

Nudelteig

Oh, es ist so einfach fertige Nudeln zu erwerben und sie ins heiße Wasser zu geben, darin zu kochen und mit einer simplen Sauce zu garnieren. Doch will eine gute Küchenmagd das tatsächlich so haben?
Nudelteig ist eine sehr einfache Sache - sofern das Wissen dafür vorhanden ist. Allein am Nudelteig sind schon Köche und Küchenmägde gemessen worden. Diese beiden Varianten sind nützlich und wohl brauchbar.

Variante 1
Benötigt werden:
300g Mehl
3 Eier
2 Esslöffel Öl
etwas Salz

Variante 2
Benötigt werden:
450g Gries
180ml Wasser
1 Esslöffel Öl
etwas Salz

Nehme das Mehl oder den Grieß und gebe es auf ein schlichtes Nudelbrett. In die Mehlmitte mache ein Loch und füge dort den Rest der Zutaten hinzu.
Dies alles vermische gut. Halte stets etwas lauwarmes Wasser und Mehl bereit. Sofern der daraus geknetete Teig zu klebrig oder zu bröckelig wird, nehme etwas von Wasser und Mehl und füge es hinzu.

Entspricht der Teig der gewünschten Konsistenz lasse ihn etwa eine Stunde ruhen. Anschließend rolle ihn mit einem

Nudelholz gut auseinander und schneide daraus die gewünschte Form. Dünne Suppennudeln oder Bandnudeln bieten sich hier vorzüglich an. Lasse sie auf einem guten Küchentuch oder einem Holzbrett trocknen.

Jede Küchenmagd weiß, dass Wünsche der Herrschaft nicht immer verständlich sein muss. Sollte eines Tages der Wunsch nach Farbe in den Nudeln herangetragen werden, so lässt sich dies folgendermaßen bewerkstelligen.

<u>Nudelfarbe grün:</u>
knete gut 150g frische Spinatblätter, möglichst klein geschnitten, in den Teig dazu
<u>Nudelfarbe grün gesprenkelt:</u>
wähle gute, grüne Kräuter aus, hacke sie fein und knete sie in den Teig
<u>Nudelfarbe schwarz:</u>
Frage beim Fischmarkt oder in guten Fischläden nach Tinte des Tintenfisches, dieses knete in den Teig, doch sei vorsichtig, die Tinte färbt selbst Hände
<u>Nudelfarbe rot:</u>
knete 80g Tomatenmark oder 3 Esslöffel rote Rüben in den Teig
<u>Nudelfarbe gelborange:</u>
gebe 1 Teelöffel Kurkuma in den Teig
<u>Nudelfarbe orange:</u>
nehme 3 Esslöffel gekochte, pürierte Karotten in den Teig

<u>Anmerkung:</u>
Diese so bereiteten und getrockneten Nudeln sind lange Zeit haltbar. Sollte der Wunsch bestehen, lässt sich der Teig allerdings auch beim Fest selber zubereiten. Als Küchenmagd rechne stets mit dieser Möglichkeit!

Elbenwegzehrung

Selbst dem stärksten Geschöpf steht durchaus der Sinn nach Süßem. Manchmal jedoch reichen Obst und Nüsse nicht aus. Etwas Leckeres für alle sind diese kleinen Riegel. Doch gib Acht, sie sind schneller verputzt, als es scheint, bieten sie dem standesgemäßen Kämpfer doch ausreichend Energie und den Naschkatzen aller Schichten etwas Süßes zur Erheiterung des Gemüts.

Benötigt werden:
2 gute Handvoll Rosinen
1 gute Handvoll getrocknete Feigen
1 gute Handvoll getrocknete Datteln
2 gute Handvoll gemischte Nüsse
dazu ausreichend Honig oder Ahornsirup

Sofern auf das Mischverhältnis acht gegeben wird, ist jegliches Trocken/Dörrobst für diese Riegel brauchbar. Nicht jedes Herrschaftshaus sieht sich in der Lage bisweilen teure Feigen oder Datteln feilzubieten. Doch so gut wie jedes Land bietet Dörrobst an. Frage die Speisekammer, welches Dörrobst sie zur Verfügung hat und wähle weise. Solange das Mischverhältnis stimmt ist jedes nutzbar. Gleiches gilt auch für die Nüsse, wähle weise.

Hacke Nüsse und Dörrfrüchte ganz grob. Gebe nun Honig oder Ahornsirup ausreichend hinzu damit sich die Masse binden lässt. Öle eine Pfanne oder eine flache Schale und streiche die Masse hinein.
Nun stelle sie kühl. Hat sich der klebrige Effekt verflüchtigt, die Masse verfestigt, dann schneide daraus Stücke in einer beliebigen Größe.
Es lassen sich daraus Bonbons ebenso schneiden wie Riegel. Lege Gabel dazu oder wickle sie in Wachspapier oder Folie

ein, je nachdem in welcher Epoche sich deine Herrschaft befindet.

Anmerkung:
Kleine Bonbons mögen alle, wundere dich also nicht, wenn die Schale mit dem Angebot binnen kurzem ratzeputz leer ist. Aus der Masse lassen sich an die 40 Riegel schneiden. Achte also darauf, ob die Menge vielleicht vergrößert werden sollte.

Kriegerbrot

Achte darauf, dass jeder Soldat und Krieger ausreichende Verpflegung fürs Feld und den Kampf erhält. Manchmal ist es nicht möglich Delikatessen zu reichen, doch stets ist es machbar, ausreichend Kraft- und Energieversorgung sicher zu stellen.

So wurden nicht nur in Kriegszeiten Soldaten und Kämpfer mit dem Kriegerbrot versorgt, sondern auch Seeleute bekamen dies als Wegzehrung. Selbst hier kann eine gute Küchenmagd, so simpel sich dies Gericht auch ausnehmen mag, ihr Können wohlwollend unter Beweis stellen.
Um diese Verpflegung korrekt zu fabrizieren backe sie in der Größe von 8×7,3×1,2cm oder 3,125×2,875×0,5 Inch. Vielleicht mögen sie dem Empfänger nicht besonders munden, doch Geschmack sei hier nicht so wichtig - es zählt lediglich die Energie, die es zu geben vermag.

Benötigt werden:
5 große Tassen Mehl
1 große Tasse Wasser
1 gut gehäufter Esslöffel Salz

Vermische alles zu einem guten Teig, der nicht an den Händen kleben bleibt. Bemehle am besten ein gutes Holzbrett

und gebe den Teig darauf, rolle ihn auf annähernd 1,5 cm Dicke.
Nun schneide aus Kekse zu Rechtecken oder Quadraten aus. Gebe in jedes eine ungerade, aber gleichbleibende Anzahl an Löchern, dies mögen 16, 13 oder gar nur 9 sein. Verwende dafür eine Stricknadel oder einen Zahnstocher.

Lege diese nun, und beachte dabei ausreichenden Platz dazwischen einzuplanen, auf ein Backblech. Ob bemehlt oder mit Backpapier versehen, sei beides möglich. Anschließend lege die Keksstücke darauf. Heize nun das Rohr angemessen, mit 210 Grad ist es akzeptabel. Backe die Stücke an die 30 Minuten, wende sie zwischenzeitlich.

Sind sie fertig gebacken, so lege sie beiseite und lasse sie für einige Tage ruhen. Sind sie staubtrocken, können sie getrost auch über mehrere Tage als Nahrungsquelle dienen. Der künftige Empfänger möge jedoch informiert werden, diese eher zum Eintunken in Kaffee oder Tee zu verwenden anstatt direkt abzubeißen.

Natürlich lassen sich diese Kekse noch weiter verarbeiten. Dafür weiche sie in Milch ein und röste sie in einer Pfanne. Bestreue sie mit Zucker, das ergibt eine süßliche Leckerei.

<u>Anmerkung:</u>
Als großer Vorteil sei vor allem die lange Haltbarkeit von Hartverpflegung genannt. Achte jedoch darauf, dass sie stets möglichst frisch bereitet dem Empfänger übergeben werde.

Es ist durchaus möglich, diese Verpflegung hübsch zu verpacken und als Liebesgabe mit einer schönen Karte den Damen zu geben, die ihren Liebsten etwas fürs Feld mitgeben wollen.

Suppen und Einlagen

Gerade der Einfachheit halber mögen Suppen bisweilen unterschätzt sein, doch gerade hier beginnt die Perfektion der Küchenmagd. Eine Kleinigkeit an falscher Würze gesetzt oder an der richtigen gespart und aus einer guten Sachen werde etwas, das ungegessen zurückgeschickt wird.
Die Ehre des Küchenpersonals steht hierbei wohl auf dem Spiel, denn selbst der kleinsten Kleinigkeiten soll ausreichend Aufmerksamkeit gewidmet werden um der Herrschaft Anspruch Genüge zu tun.

Aus guter Suppe zaubere großartige Eintöpfe, aus diesen wiederum gestalte wunderbare Saucen. Das eine wird zum anderen in einer beinahe phantastischen Wandlungsfähigkeit. Darum sei gesagt, wer gute Suppen zu bereiten in der Lage sei, der könne auch an anderen Dingen nicht viel falsch machen.

Zudem lassen sich Suppen einfach in einem großen Kessel bereiten und so leicht warm halten. Beginnen sie einzudicken gebe etwas Wasser dazu oder serviere aus dem Kessel schlicht Eintopf. Bei kühleren Temperaturen halten sie warm, können oft den ganzen Tag vor sich hin köcheln.

Reiche als Beigabe dazu schlichtes Brot, für das einfache Gesinde und bereite Einlagen für die Herrschaften. Ran an den Kessel sei hier die einzige Devise.

Suppeneinlagen

Diese können außergewöhnlich vielseitig oder wahrlich sehr einfach sein. Achte stets darauf, welcher Epoche deine Herrschaft entstammt, serviere nicht etwas, das in einer Epoche nicht existiert. Sei als Küchenmagd stets darauf gefasst zumindest einen kleinen Spielraum anbieten zu können.

Rezept		Epoche / Spielwelt
geröstete Brotstücke / Croutons	Vegan	Jede
Suppennudeln	Vegetarisch Vegan	Jede
Frittaten	Vegetarisch	Jede
Backerbsen	Vegetarisch	Jede
Eierstich	Vegetarisch	Jede

geröstete Brotstücke / Croutons

Derartige Suppeneinlagen bieten sich beinahe immer an. Achte hierbei schlicht darauf, ausreichend Gebäck in Griffweite zu haben, halte dir zusätzliches bei der Hand, denn diese Suppeneinlagen sind wunderbar variabel.

Benötigt werden:
Brot oder anderes Gebäck soweit vorhanden
Kräuter
Öl

Hierbei ist eine reale Mengenangabe kaum realistisch möglich. Nehme dazu altbackenes Brot, es verarbeite sich anders denn frisches. Schneide es in Würfel. Setze eine Pfanne auf den Ofen und gebe etwas Öl hinein. Sobald das Öl leicht zu brutzeln beginne, gebe die Gebäckwürfel dazu. Würze wohl auch mit Kräutern, nehme frische oder getrocknete, beide Varianten gewähren andere Vorzüge. Wähle weise und mit Bedacht. Nehme niemals zu viele verschiedene Kräuter und mische diese auch nicht zu sehr. Mit Rosmarin lässt sich kaum etwas falsch gestalten. Röste die Würfel an bis sie kross werden und füge dann Rosmarin hinzu. Dies muss nicht viel sein, ein Hauch Geschmack ist ausreichend.
Sagt Rosmarin der Herrschaft nicht zu, wähle ruhig andere Kräuter. Der Auswahl gibt es wahrlich viele.

Anmerkung:
Variiere bei der Zubereitung. Biete der Herrschaft verschiedene Croutons an, gebe Schalen verschiedenen Inhalts zur Auswahl.

Suppennudeln

Diese Einlagen finden sich leicht in den Nudelsuppen wieder. Dafür möge der Teig und die daraus geformten Nudeln bereits vorab hergestellt worden sein.

<u>Benötigt werden:</u>
selbst vorbereitete Nudeln nach Bedarf

Der Einfachheit halber können diese Nudeln bereits getrocknet mitgebracht werden. Sollte der Wunsch nach frischen existieren, so lässt sich auch aus dem bereits genannten Nudelteig Vorort neue Nudeln maßschneidern.

<u>Anmerkung:</u>
Es lebt sich um einiges leichter, wenn die Nudeln bereits vorab bereitet wurden. Diese beim Event selber zu bereiten kostet doch etwas Zeit und es stellt sich die Frage, ob die Küchenmagd nicht auch in der Bedienung ihre Aufgabe zu finden haben möge.

Frittaten

Auch diese können am Vortag schon vorbereitet werden. Sollen jedoch Palatschinken direkt zum Spiel gereicht werden, spricht rein gar nichts dagegen sich einige davon abzuzweigen und zu Frittaten zu verarbeiten. Dies geht hier Hand in Hand.

<u>Benötigt werden:</u>
bereits vorbereitete Palatschinken oder frisch zubereitete

Gerade misslungene Palatschinken lassen sich dadurch leicht für anderes nutzen anstatt entsorgt zu werden. Schneide sie in dünne Streifen für die Suppe.

Anmerkung:
Nehme keine, die am Boden gelandet sind. Manch ein Koch vermeint Palatschinken in der Luft drehen zu können. Doch manchmal landet eine der Palatschinken dann am Boden, nicht mehr in der Pfanne. Selbst perfekt gesäuberte Böden beinhalten oft Keime und anderen Schmutz.

Backerbsen

Käuflich erwerbliche Backerbsen mögen zwar günstig sein, jedoch sind sie dem Einheitsbrei zuzuordnen. Gestalte diese Suppeneinlage zu einem Gaumenschmaus.

Benötigt werden:
1 Tasse Mehl
Milch oder Wasser nach Bedarf
ein Hauch getrockneter Kräuter
2 Eier
etwas Kräutersalz
Öl

Verrühre die aufgelisteten Zutaten zu einem dicklichen Teig. Er darf ruhig ein wenig tropfen, sollte nicht zu fest, jedoch auch nicht zu flüssig sein. Achte darauf und bei Bedarf gebe noch etwas Mehl oder Flüssigkeit hinzu.
Nun nehme ein Sieb. Dieses sollte über Löcher verfügen, die groß genug sind, um die Backerbsen nicht zu klein ausfallen zu lassen. Gebe den Teig durch diese Löcher direkt in das bereitete heiße Backfett.

Backe sie dort goldgelb heraus. Nimm aber nicht den ganzen Teig, sondern arbeite mit kleineren Mengen. Verarbeite eine Portion nach der anderen. Lasse die Backerbsen nicht anbrennen, sondern achte wohlweißlich darauf, sie stets im gleichen Farbton zu halten.

Nimm noch ein dünnlöchrigeres Sieb und gebe die fertigen Backerbsen dort hinein, sodass sich das Fett abzutropfen vermag.

<u>Anmerkung:</u>
Frisch zubereitet schmecken sie am besten, halte dies stets vor Augen! Die Auswahl der eingemischten Kräuter verändert zudem den Geschmack. Wähle daher mit Bedacht welche Kräutern passen mögen.

Eierstich

<u>Benötigt werden:</u>
2 Eier
3 Esslöffel Milch
2 Esslöffel Margarine
1 guter Bund Schnittlauch
sowie Salz und Muskatnuss nach Wunsch

Wasche als erstes den Schnittlauch und schneide ihn anschließend klein. Verquirle als nächstes Eier und Milch, es ist eine simple Gabel ausreichend dafür, gebe nun den Schnittlauch sowie Salz und Muskatnuss dazu.
Nun nehme eine Pfanne, in die die Mischung gefüllt werden kann und setze diese auf kleine Flamme. Gebe einen Deckel auf die Pfanne, die Masse sollte über ausreichend Ruhe verfügen um langsam durch zu werden. Die Eiermasse löse aus der Form und schneide sie zurecht, lasse hier durchaus der Phantasie freien Lauf, die Herrschaft schätzen durchaus Kreativität, auch wenn sie es nicht unbedingt zeigen!

Suppenrezepte

Merke auf, dass vor allem die Würze ausschlaggebend für den Geschmack der guten Suppe ist. Dies erreiche indem die eigens hergestellte Würze mit dabei ist oder indem beim Kochen gute Kräuter und Gewürze zur Hand genommen werden. Verzichte auf zu viel des Weniger Guten. Erwirb nichts von dem, das du nicht möchtest, sondern bereite geschmacklich und für den Mund Vorzügliches zu.

Achte auch stets darauf Suppentopf, Kochlöffel und über ausreichend Teller oder Schalen zu verfügen.

Rezept		Epoche / Spielwelt
Zwergen-Wurzelsuppe	Vegan	Jede
Falsche Krebssuppe	Vegan	Fantasy
Karottensuppe mit Einlagen	Vegan	Jede

Waldschratsuppe	Vegan	Sci-Fi / Fantasy
Knoblauchsuppe	Vegetarisch	Vampirisches /Fantasy
Kartoffel/Karottensuppe	Vegetarisch	Jede
Grünlingsuppe	Vegan	Jede
Erdnuss-Suppe	Vegetarisch	Sci-Fi / Fantasy
Gladiatoren-Suppe	Vegetarisch	Antikes Rom/Fantasy
Tomatensuppe	Vegetarisch	Sci-Fi / Fantasy
Pikante Linsensuppe	Vegan	Jede
Lauch/Karotten Suppe	Vegan	Jede
Wintersuppe	Vegetarisch	Russisches/ Fantasy
Rote Rüben Suppe	Vegetarisch	Fantasy
Lauchsuppe	Vegan	Nordisches/ Fantasy
Suppe des Ostens	Vegan	Russisches/ Fantasy
Frühlingssuppe	Vegan	Jede
Sauerkrautsuppe	Vegan	Fantasy
Waldsuppe	Vegetarisch	Fantasy
Milchsuppe	Vegetarisch	Jede
Einfache Gemüsesuppe	Vegan	Jede
Brennnesselsuppe	Vegan	Jede
Kartoffelsuppe	Vegan	Jede
Kürbissuppe	Vegan	Fantasy

Zwergen-Wurzelsuppe

Benötigt werden:
1 gutes Stück Sellerie
2 größere Karotten
1 größere Kartoffel
sowie Wasser, Suppenwürze, Salz, Pfeffer und Kräuter nach Wunsch

1 Messer
1 Reibeeisen
1 Kochtopf
1 Kochlöffel

Jede gute Küchenmagd verfüge über die Tugend der Sauberkeit. Dies treffe nicht alleine sie, sondern auch der Speisen, die sie bereite.

Also säubere das Wurzelwerk gründlich und schäle es hernach. Reibe alles am Reibeeisen bis ein Haufen kleingeraspelten Gemüses daraus entsteht. Nun gebe das Gemüse in den Kochtopf und erhitze es auf Flamme, bis es köchelt. Lasse es dort ruhig eine Weile stehen, das Wurzelwerk benötigt etwas Zeit bis es durch ist. Füge währenddessen ruhig etwas Suppenwürze, Salz und Pfeffer hinzu. Gebe wohl auch einen Deckel auf die Suppe, sodass es schneller gehen möge.
Schmecke zwischendurch auch mit Pfeffer, Salz sowie Kräutern ab. Sobald die Suppe fertig im Kochtopf vor sich hin schmore, gebe sie in Teller.

Anmerkung:
Als Beilage zur Suppe gebe Brot oder Croutons nach Wahl. Sofern gewünscht biete Schnittlauch und etwas Kren an.

Vorschlag für Fleisch/Fisch:
Wähle Huhn oder Rind. Schneide es klein, sodass es mit dem Löffel verzehrbar sei und lasse es von Anfang an im Topf mit kochen.

Falsche Krebssuppe

Benötigt werden:
2 größere Karotten
250g schöne, saftige Tomaten
1 gutes Stück Sellerie
1 gute Stange Lauch
1 größere Kartoffel
40g Margarine
500ml Wasser
sowie Suppenwürze und Kräuter nach Wunsch

1 Messer
1 Reibeeisen
1 flotte Lotte oder 1 Pürierstab sofern Strom vorhanden
1 Kochtopf
1 Kochlöffel

Säubere erst gründlich sämtliches Gemüse. Karotten, Sellerie und Kartoffel schäle und rasple diese auf dem Reibeeisen klein. Tomaten, sowie Lauch, schneide in kleine Stücke.

Nun gebe das Fett in den Kochtopf und erhitze es. Wähle das Fett, das deiner Epoche entsprechen möge. Sowohl Öle als auch Margarine oder Butter mögen der Brauchbarkeit entsprechen. Röste darin das zuvor geraspelte und geschnittene Gemüse an. Gebe nun das Wasser hinzu und lasse es, bei geschlossenem Deckel, kochen bis es weich werde.
Nehme nun die flotte Lotte und püriere das Gemüse darin

durch. Mit den Kräutern und Gewürzen schmecke die Suppe ab.

Anmerkung:
Als Beilage zur Suppe gebe Brot oder Croutons nach Wahl. Sofern gewünscht biete Schnittlauch an.

Vorschlag für Fleisch/Fisch:
Wähle Huhn oder Wassergetier wie Fisch. Schneide es klein, sodass es mit dem Löffel verzehrbar sei und lasse es von Anfang an im Topf mitkochen. Doch püriere es nicht mit, sondern nehme es davor heraus und füge es danach wieder hinzu.

Karottensuppe mit Einlagen

Wähle stets auch immer einige Karotten zur Speise. Dies gesunde Wurzelwerk ist im Erwerb ausgesprochen günstig und jederzeit und praktisch überall käuflich zu erhalten. Zusätzlich ist es im Eigenbau einfach und anspruchslos - einfach dankbar.

Benötigt werden:
250g Karotten
150g Kartoffel
200ml fertige Brühe oder Wasser

1 Messer
1 flotte Lotte oder 1 Pürierstab sofern Strom vorhanden
1 Kochtopf
1 Kochlöffel

Nehme Karotten wie Kartoffel und säubere diese gründlich. Schäle und schneide sie zu kleinen Würfeln. Gebe nun die Margarine in den Kochtopf und lasse diese darin zergehen.

Dünste die Gemüsewürfel an. Lasse sie nicht zu lange dünsten, füge nach wenigen Minuten die Brühe oder das Wasser hinzu und lasse kochen, bis die Würfel gar seien. Püriere als nächstes die Suppe mit der flotten Lotte. Gebe die Suppe in Teller.

Nehme nun Eierstich als Beilage und gebe diesen auf die Suppe, dekoriere zusätzlich mit einer kleinen Handvoll Schnittlauch

Anmerkung:
Sollte Eierstich nicht erwünscht sein, biete als Alternative Croutons oder Bandnudeln an. Auch frisches Brot macht sich gut.

Vorschlag für Fleisch/Fisch:
Wähle Speckwürfel und füge diese nach dem Pürieren hinzu. Oder wähle statt Gemüsebrühe Fleischbrühe.

Waldschrat-Suppe

Benötigt werden:
250g Karotten
400g Spinatblätter
100g Stangensellerie
250g Zucchini
250g Champignon
ein großes Stück Tofu
sowie Wasser, Öl, Suppenwürze, Liebstöckel und Knoblauch nach Wunsch

1 Messer
1 flotte Lotte oder 1 Pürierstab sofern Strom vorhanden
1 Kochtopf

1 Bratpfanne
1 Kochlöffel

Nach gründlichem Waschen schäle das Gemüse und schneide es grob. Gebe sämtliches Gemüse (bis auf die Champignon) in einen großen Kochtopf, füge ausreichend Wasser hinzu, dass es gut bedeckt sei und bringe es zum Kochen.
Die Gemüsestücke benötigen vielleicht 10 Minuten Zeit bei wallendem Wasser, danach püriere sie. Würze nun leicht mit Suppenwürze, Liebstöckel und Knoblauch, bedenke, nachwürzen geht auch später noch. Füge nun die grob geschnittenen Champignon hinzu und lasse die Suppe leicht köcheln. Schneide den Tofu in Stücke und würze ihn mit Liebstöckel und Knoblauch.
Nehme nach etwa 5 Minuten den Topf von der Flamme und setze stattdessen eine Bratpfanne an die Stelle. Gebe etwas Öl in die Pfanne und brate darin die Tofu an. Achte darauf, dass die Würfel wenigstens einige krosse Stellen aufweisen. Gebe die Suppe in Teller und die Würfel obenauf.

<u>Anmerkung:</u>
Als Beilage zur Suppe sei gesagt, die Tofuwürfel reichen völlig aus. Doch besteht der Wunsch nach einer weiteren Zugabe, so wähle frisches Brot und einen Klacks Sauerrahm zur Zierde. Diese Suppe empfehle sich nur denjenigen, die Spinatgeschmack nicht abgeneigt sind. Denn selbst nach dem Pürieren, sei angemerkt, schmecke diese Suppe noch leicht nach Spinat!

<u>Vorschlag für Fleisch/Fisch:</u>
Hier würde sich gebratenes Wild anstelle des Tofu anbieten. Die Suppe lasse in diesem Fall etwas einkochen, sodass daraus eine Sauce entstehe.

Knoblauchsuppe

Dieser Suppe Geschmack steche deutlich aus denen anderer hervor. Doch obwohl - oder vielleicht ganz besonders deswegen, sei sie nicht nur das Arme-Leute-Essen, das so vielerorts doch angepriesen der Gesundheit diene. Nein, auch die Herrschaft schätze den gesundheitlichen Effekt der Knoblauchsuppe wohl - und dies nicht nur zu Zeiten von Schwäche und Krankheit.

Benötigt werden:
1 gute Knoblauchknolle oder 15 einzelne Zehen oder gleicher Menge Knoblauchpaste
1 guter gehäufter Esslöffel Mehl
1 Eigelb
0,7 Liter Milch
0,7 Liter Brühe
20g Knoblauchbutter
sowie Wasser, Salz, Pfeffer, Koriander, Petersilie und andere Kräuter nach Wunsch

1 Messer
1 Knoblauchpresse sowie1 flotte Lotte oder 1 Pürierstab sofern Strom vorhanden
1 Kochtopf
1 Kochlöffel
2 Schalen
1 Schneebesen

So Knoblauch frisch sei und keine fertig bereitete Paste, ziehe die einzelnen Knoblauchzehen ab. Diese drücke durch eine Knoblauchpresse .
Lasse nun die Knoblauchbutter in einem Kochtopf zergehen, bis sie flüssig werde. Dazu gebe den gepressten Knoblauch. Diesen lasse in der Butte leicht andünsten. Streue das Mehl

hinzu und rühre so lange um, bis sich eine schöne Masse ergeben möge.

Nun füge die Brühe sowie die Milch hinzu, rühre jedoch mit dem Schneebesen weiter. Sobald alles gut verrührt, lasse die Suppe auf geringer Flamme köcheln. So dies ausreicht, sei die Cremigkeit in Ordnung, doch reiche sie nicht, dann gebe alles noch durch die Flotte Lotte. Trenne nun ein Eigelb vom Eiklar ab und verquirle es. Dies lasse unter Rühren allmählich in die Suppe einlaufen. Bleibe stets mit dem Schneebesen in der Suppe und rühre, sodass es keine Bröckchen geben möge.
Schmecke zuletzt noch mit Salz, Pfeffer sowie Koriander die Suppe ab. Weitere passende Kräuter seien ebenso erwünscht und gebilligt.

Gebe nun die Suppe in Teller und streue frische Petersilie darauf.

<u>Anmerkung:</u>
Als Beilage zur Suppe gebe frisches Brot, Croutons mit Knoblauchgeschmack oder Backerbsen nach Wahl. Sofern gewünscht biete zusätzlich Schnittlauch an.

<u>Vorschlag für Fleisch/Fisch:</u>
Wähle Rind, schneide es klein, sodass es mit dem Löffel verzehrbar sei und lasse es von Anfang an im Topf mit kochen.

Kartoffel/Karottensuppe

Benötigt werden:
350g Karotten
250g Kartoffel
2 Zwiebel
1 Lorbeerblatt
1 Liter Brühe
sowie Öl, Sauerrahm, Ingwer, Petersilie, Schnittlauch,
Salz und Pfeffer nach Wunsch

1 Messer
1 Kochtopf
1 flotte Lotte oder 1 Pürierstab sofern Strom vorhanden
1 Kochlöffel

Putze gründlich das Gemüse. Danach schäle Zwiebel, Kartoffel sowie Karotten und schneide das Gemüse in dünne Scheiben.
Gebe in einen Kochtopf etwas Öl. Sobald dieses warm genug, füge Karotten und Zwiebel hinzu. Lasse den Topf an die 5 Minuten auf der Flamme, rühre aber zumindest ab und zu um. Lasse weder Zwiebel noch Karotten anbrennen. Nach diesen 5 Minuten füge die Kartoffel, sowie ein Lorbeerblatt und die Brühe hinzu. Lasse die Suppe nun köcheln, bis eine Gabel ganz leicht in die Kartoffel gestochen werden kann. Nehme die Suppe nun vom Herd und püriere diese.
Nun würze mit Salz, Pfeffer und einem Hauch Ingwer. Rühre zudem 2 Esslöffel Sauerrahm unter. Schenke die Suppe in Teller ein und gebe obenauf einen kleinen Klacks zusätzlichen Sauerrahm. Darüber streue noch eine Winzigkeit an Petersilie und Schnittlauch. Allein der Optik wegen sei gesagt, dies nicht zu vergessen.

Anmerkung:
Als Beilage zur Suppe gebe frisches Brot oder Croutons.

Vorschlag für Fleisch/Fisch:
Wähle Speckwürfel, füge diese aber erst nach dem Pürieren hinzu. Lasse die Suppe anschließend noch an die 5 Minuten zusätzlich köcheln, damit der Geschmack in die Suppe aufgenommen werde.

Grünlingsuppe

Vorteilhafterweise sei dies eine der Suppen, deren Kosten sich durchaus gering in der Geldbörse niederschlagen möge. Jedoch sei auch dazu erwähnt, ohne Brennnessel, jenes oftmals so geschmähte und doch hervorragende Pflänzchen für allerlei Zipperlein, koste rein gar nichts. Zumindest, wenn es eigenhändig gesammelt werde.

Benötigt werden:
500g Bohnen aus der Dose
400g frische Brennnesselblätter
3 handlich große Zwiebel
2 gut gefüllte Esslöffel Paprikapulver
1 gut gefüllter Esslöffel Kräutersalz
sowie Sauerrahm, Öl, Wasser und Pfeffer nach Wunsch

1 Messer
1 Kochtopf
1 Pfanne
1 Kochlöffel

Nehme, so die Möglichkeit dazu besteht, möglichst große Bohnen. Die weißen bieten sich hierbei an, es können jedoch auch andere sein, die besser munden. Notfalls seien auch Kidneybohnen verwendbar.

Gieße das Wasser aus der Dose ab, gebe die Bohnen in einen Kochtopf und füge so viel Wasser hinzu, damit die Bohnen völlig bedeckt seien. Während die Bohnen vor sich hin kochen, wasche die Brennnesselblätter gut durch und trockne sie so gut als möglich. Gebe sie dazu auf ein trockenes, saugfähiges Tuch oder in ein Sieb.

Nun schäle die Zwiebel, schneide sie klein. Sofern nur eine Flamme zur Verfügung sei, stelle den Kochtopf kurz beiseite und setze eine Pfanne an dessen Platz. In die Pfanne gebe etwas Öl. Sobald dieses warm genug, füge die Zwiebel hinzu und dünste sie goldgelb an. Dazu gebe das Paprikapulver und lasse alles einige Minuten auf der Flamme dünsten. Zwischenzeitlich schneide die Brennnesselblätter fein. Füge die Blätter und den Pfanneninhalt zu den Bohnen in den Topf. Setze nun wieder den Kochtopf an die Stelle der Pfanne. Füge, wenn nötig, noch ausreichend Wasser hinzu, sodass der gesamte Inhalt bedeckt sein möge.

Sofern ein Backofen in der Nähe, nutze diesen und stelle den Topf dort hinein. Lasse ihn so lange in der Wärme, bis sich der Suppe Farbe ins Bräunliche verfärbe. Ansonsten belasse die Suppe weiter wo der Topf sich im Augenblick befinde.

Gebe nun die Suppe in einen Teller und obendrauf einen Klacks Sauerrahm. Zusätzlich streue noch etwas Schnittlauch oder Petersilie über die Suppe.

<u>Anmerkung:</u>
Als Beilage zur Suppe gebe frisches Brot oder Croutons.

<u>Vorschlag für Fleisch/Fisch:</u>
Wähle Speckwürfel und lasse diese mitkochen.

Erdnuss-Suppe

Benötigt werden:
1 kleine Zwiebel
1 Stange Sellerie mit 200g
4 Esslöffel Erdnussbutter
2 Esslöffel Butter
2 Esslöffel Mehl
0,5 Tassen Milch
sowie Salz und Pfeffer nach Wunsch

1 Messer
1 Kochtopf
1 Kochlöffel

Schneide zuerst Zwiebel und Sellerie klein. Achte darauf, die Stücke ausreichend klein zu schneiden.
Gebe nun die Butter in den Kochtopf und lasse diese zergehen, bis sie schön flüssig sei. Anschließend füge die Erdnussbutter hinzu, bis auch diese den flüssigen Zustand erreiche. Verrühre nun alles wohlweislich ausreichend und belasse es auf kleiner Flamme. Achte jedoch auf die Zeit. Nach einigen Minuten füge Zwiebel- sowie Sellerie hinzu. Dämpfe dieses nun, am besten mit einem Deckel auf dem Kochtopf, an die 10 Minuten. Gebe hernach das Mehl hinzu und koche es mit etwas Brühe auf. Es ist so viel an Brühe nötig bis eine schön cremige Konsistenz entsteht

Anschließend schmecke mit Milch, Salz sowie Pfeffer ab.

Anmerkung:
Als Beilage gebe etwas Schnittlauch.

Vorschlag für Fleisch/Fisch:
Wähle Huhn. Schneide es jedoch so klein, sodass es mit dem

Löffel verzehrbar sei und lasse es von Anfang an im Topf mitkochen.

Gladiatoren-Suppe

Der Krieger gestählter Körper erfreue sich an nahrhaften und unterstützenden Speisen. Dies Rezept, so sagt man, sei bereits zu Zeiten der Cäsaren im alten Rom den Kämpfern serviert worden.

Benötigt werden:
2 Zwiebel
1 große Dose weiße Bohnen - jedoch sehr gut abgespült
1 gute Handvoll schwarze Oliven
sowie Olivenöl, Honig, Thymian, Pfeffer, Oregano und Meersalz nach Wunsch

1 Messer
1 Kochtopf
1 Mörser

Schäle und schneide als erstes die Zwiebel klein. Nehme nun ein Gutteil Olivenöl, doch sei hierbei keineswegs knausrig! Lasse die Zwiebel darin leicht anbräunen und füge anschließend Oliven sowie Bohnen hinzu. Nun bedecke alles ausreichend mit Wasser.
Mische die Gewürze im Mörser (dazu nehme jeweils 1 Teelöffel an Pfeffer, Meersalz, Thymian und Oregano). Zermalme diese darin und gebe sie, zusammen mit dem Honig, in den Suppentopf. Lasse alles an die 10 Minuten kochen.

Anmerkung:
Als Beilage zur Suppe reiche helles Brot.

Vorschlag für Fleisch/Fisch:
Wähle Huhn oder Speckwürfel. Jedoch sei eines dazu anzumerken. Der Suppe Geschmack reiche in die pikant/süßliche Richtung, durch den Honig. Dies Gericht möge daher lieber fleischlos bleiben.

Tomatensuppe

Benötigt werden:
6 Esslöffel ungekochter Reis
2 Karotten
1 Zwiebel
2 gute Esslöffel Essig
200ml Tomatensaft
sowie Oregano, Petersilie, Knoblauch, Estragon nach Wunsch
Frittaten oder Eierstich nach Wunsch

1 Messer
1 Kochtopf
1 Kochlöffel

Zu allererst putze und schäle die Karotten, hernach schneide sie etwas gröber, dies reiche völlig aus. Sollte jedoch mehr Zeit vorhanden sein, so ist es auch kein Fehler, das Gemüse kleiner zu schnippeln.
Nun füge Reis, Karotten, Zwiebel sowie die Gewürze (außer Estragon) in einen Topf mit heißem Wasser. Lasse alles schön kochen, bis der Reis durch sei.

Nun füge Frittaten oder Eierstich nach Wunsch zur Suppe sowie den Essig hinzu und lasse alles weitere 10 Minuten kochen. Anschließend gebe noch Tomatensaft, sowie Estragon dazu und lasse alles aufkochen.

Anmerkung:
Die eigentliche Beilage sei bereits genannt, denn diese koche mit. Weiters schmecken auch geröstete Knoblauchbrotscheiben vorzüglich. So der Herrschaft dies genehm, biete die Suppe getrost mit einem Klacks an Sauerrahm an.

Vorschlag für Fleisch/Fisch:
Wähle Rind, Speckwürfel oder Huhn. Schneide dies Fleisch klein, sodass es mit dem Löffel verzehrbar sei und lasse es im Topf mitkochen.

Pikante Linsensuppe

Benötigt werden:
250g Linsen
2 Zwiebel
1 Bund Petersilie
1 Paprika
1 Peperoni
1 Esslöffel Tomatenmark
1 Esslöffel Zitronensaft
2-3 Esslöffel Öl
2 Liter Wasser
sowie Salz, Pfeffer und Paprikapulver nach Wunsch

1 Messer
1 Kochtopf
1 Pfanne

Gebe als erstes die Linsen in bereits kochendes Wasser und lasse sie vor sich hin kochen. Schneide nun die Zwiebel, Peperoni sowie Paprika klein.
Als nächstes brate diese in Öl an, gebe sie anschließend in den Kochtopf zu den Linsen. Auch die Petersilie schneide

klein und lasse sie in der Suppe mitkochen. Anschließend füge noch das Tomatenmark hinzu.

Für die beste Harmonie sei gesagt, es sei wichtig, alles eine Weile miteinander kochen zu lassen, rechne jedoch mit annähernd 5 Minuten Minimum.
Schmecke zuletzt noch mit Paprikapulver, Zitronensaft sowie Pfeffer ab.

<u>Anmerkung:</u>
Als Beilage zur Suppe wähle Fladenbrot oder Croutons nach Wahl. Sofern gewünscht biete Schnittlauch dazu an.

<u>Vorschlag für Fleisch/Fisch:</u>
Wähle Huhn, Speckwürfel oder Rind. Schneide es klein, sodass es mit dem Löffel verzehrbar sei und lasse es von Anfang an im Topf mitkochen.

<u>Lauch-Karotten Suppe</u>

<u>Benötigt werden:</u>
250g Karotten
250g Lauch
1 kleine Zwiebel
an die 300ml Gemüsebrühe
4 Esslöffel frisch gehackter Kerbel
Frischkäse nach Geschmack

1 Messer
1 Kochtopf
1 Kochlöffel

Wasche als erstes, wie auch sonst, das Gemüse gründlich. Nun schneide Zwiebel, Lauch und Karotten in kleine Stücke, wobei schmale Ringe hier durchaus schmecken mögen. Dünste erst, mit etwas Öl, die Zwiebel an. Sobald sich darin leicht goldfarbener Ton zeigt, gieße mit der Brühe auf. Erst nach etwa 10 Minuten füge den Kerbel hinzu.

Der Suppe Geschmack verbessere sich, solange der Kerbel etwas Zeit zum Durchziehen bekomme. Schmecke mit Salz und Pfeffer ab. Gebe noch etwas Frischkäse nach Wunsch hinzu und verrühre den Suppeninhalt. Anschließend bestreue mit Schnittlauch.

Anmerkung:
Als Beilage zur Suppe biete sich hier die ganze Bandbreite, ob Frittaten, Backerbsen oder andere Leckereien, es passe hier so gut wie alles.

Vorschlag für Fleisch/Fisch:
Wähle Speckwürfel. Schneide es klein, sodass es mit dem Löffel verzehrbar sei und lasse es von Anfang an im Topf mitkochen.

Wintersuppe

Wenn der Morgen mit Eisblumen grüßt, der Raureif als Zierde erscheint, dann beginnt die Zeit der Nüsse. Der Hauch des süßlichen Winteraromas schmecke sich langsam durch die ersten Löffel, die im Munde verweilen.

Benötigt werden:
500g große weiße Bohnen
2 Zwiebel
100 Kerne der Walnuss
1 Esslöffel Mehl
1 größeres Butterstück
4 Scheiben altbackenes weiches Brot
Joghurt oder Sauerrahm nach Wunsch

sowie Olivenöl, Salz, Rosmarin, Koriander und Thymian nach Wunsch

1 Messer
1 Kochtopf
1 Pfanne
1 Kochlöffel
1 flotte Lotte oder 1 Pürierstab sofern Strom vorhanden

Nehme zuerst die Bohnen und gebe diese in einen Topf mit kochendem Wasser, salze ganz leicht.
Hacke nun die geschälten Zwiebel klein. Lasse die Butter in einer Pfanne weich werden und darin die Zwiebel glasig andünsten. Verfügen sie über goldgelbe Färbung, so ist es an der Zeit das Mehl hinzu zu geben. Rühre gut um!

Nehme nach etwa 1 Minute umrühren die Pfanne vom Feuer. Zerkleinere die Walnüsse in einem Mörser oder hacke sie so klein als möglich. Mische diese mit Thymian und Koriander. Sowohl Zwiebel als auch die Nussmischung gebe nun zu den Bohnen und lasse sie an die 5 Minuten kochen.

Nimm dafür einen Teil beiseite, püriere den zweiten Teil und vermische hernach wieder alles.
Steht der Sinn nach Süßem, so möge die Suppe bereits jetzt verspeist werden. Lasse sie noch an die 10 Minuten mehr kochen das mache die Suppe weniger süß.

Neben dem Kochen der Suppe schneide nun das altbackene Brot klein. Dafür möge die Pfanne von zuvor ausreichen. Röste sie in etwas Olivenöl und Rosmarin an. Mische noch etwas Joghurt oder Sauerrahm darunter.

<u>Anmerkung:</u>
Gebe auf die Suppe noch einen kleinen Löffel Joghurt oder Sauerrahm zusätzlich. Dazu nehme einige Brotstücke und

streue sie dazu. Biete jedoch die restlichen Brotstücke in einer separierten Schale an. Ebenfalls sei erwähnt, dass sich zusätzliche zerkleinerte Walnussstücke auf der Suppe gut machen.

Vorschlag für Fleisch/Fisch:
Wähle Speckwürfel. Huhn oder Rind. Schneide es klein, sodass es mit dem Löffel verzehrbar sei und lasse es von Anfang an im Topf mitkochen.

Rote Rüben Suppe

Manch einer munkelt, diese Suppe sei den Barbarben aus dem Osten zu verdanken. Der Mangel an warmer Jahreszeit und der Ernährung aus dem Boden folgend, wärme oftmals die rote Rübe die Mägen. So sei dies lediglich eine Variante von unzählig vielen, die dies Gewächs verarbeite.

Benötigt werden:
3 gute Knollen Rote Rüben
150g weißes Kraut
1 große Zwiebel
1 Esslöffel Margarine
750ml Gemüsebrühe
sowie Sauerrahm, Kümmel, Petersilie und Salz nach Wunsch

1 Kochtopf
1 Messer
1 Paar Handschuhe zum Schälen der Rüben
1 flotte Lotte oder 1 Pürierstab sofern Strom vorhanden

Wasche als allererstes sämtliches Gemüse gründlich. Nehme die frischen Roten Rüben, wie sie auf den Märkten erhältlich sei. Gebe sie in einen Topf mit kochendem Wasser und lasse sie dort kochen, bis sie weich genug ist, um leicht durchstochen zu werden. Anschließend lasse sie etwas abkühlen. Schäle und schneide sie klein.

Schneide Kraut und Zwiebel in Streifen. Dünste diese nun in Margarine an und füge hernach die Brühe hinzu. Lasse diesen Suppentopf nun an die 15 Minuten köcheln. Nun gebe die Rüben zur Suppe und lasse alles aufkochen.
Anschließend püriere alles. Manche Herrschaften jedoch mögen die Suppe lieber unpüriert, das sei Geschmackssache. Nach dem Pürieren lasse die Suppe noch ein weiteres Mal aufkochen. Würze nun mit Kümmel, Salz sowie Pfeffer.

Füge einen kleinen Löffel Sauerrahm in die Suppe, sobald diese in Tellern serviert werde.

Anmerkung:
Als Beilage zur Suppe wähle Fladenbrot oder Croutons nach Wahl. Sofern gewünscht biete Schnittlauch dazu an.

Vorschlag für Fleisch/Fisch:
Wähle Rind. Schneide es klein, sodass es mit dem Löffel verzehrbar sei und lasse es von Anfang an im Topf mitkochen.

Lauchsuppe

Es wird gemunkelt, dass dies Gericht bereits an den Tafeln der Nordmänner serviert werde. Selbst zu deren Göttern, so die Sage, hätte sich dies Gericht bereits verirrt und wäre dankbar angenommen worden.

Benötigt werden:
1-2 Stangen Lauch
1 Esslöffel gutes Öl
200ml weißer Wein
150ml Brühe

altbackenes Brot
Knoblauch, Salz und Schnittlauch nach Wunsch

1 Messer
1 Kochtopf
1 Kochlöffel
1 Pfanne

Als erstes wasche gründlich den Lauch. In diesem finde sich regelmäßig Erde und etwas Schmutz, was im Teller nichts zu suchen habe.
Nehme nun den Lauch und schneide ihn in möglichst dünne Ringe. Gebe etwas Öl in einen Kochtopf und lasse den Lauch darin kurz anrösten. Füge Salz sowie Wein hinzu und lasse diese Mischung etwas kochen. Sobald der Geruch nach Wein vorüber sei, möge der nächste Schritt eingeleitet werden.

Dazu nehme das Brot und schneide es in kleinere Stücke. Röste diese in einer Pfanne mit etwas Öl an. Füge etwas Knoblauch hinzu. Die Brotstücke sollten leicht kross geraten. Gebe diese als zuerst in den Teller, erst darauf schöpfe die Suppe. Zuletzt streue noch etwas Schnittlauch darüber.

<u>Anmerkung:</u>
Als Beilage zur Suppe wähle Fladenbrot oder Croutons nach Wahl. Sofern gewünscht biete Schnittlauch dazu an. Anstelle des Weines ließe sich auch Met oder einfach simple Brühe verwenden.

<u>Vorschlag für Fleisch/Fisch:</u>
Wähle Rind oder Speckwürfel. Schneide es klein, sodass es mit dem Löffel verzehrbar sei und lasse es von Anfang an im Topf mitkochen.

Suppe des Ostens

Bereits am Kochtopf der alten "Baba Yaga" sei, so sagt man, diese Suppe gestanden. Der östliche Geschmack erinnere einen stets an die wärmende und nährende alte Großmutter, die stets ihre Familie wohl versorgte. Es werde hier auch gern erzählt von Mongolen und Kosaken.
Denn eines sei zu bedenken, selbst dem barbarischsten Krieger schmeckt zumeist dies Gericht, denn auch er war einst ein Kind bekocht von seiner eigenen Großmutter.

Benötigt werden:
2 Zwiebel
200ml Rote-Rüben-Saft
1 Karotte
1 Petersilienwurzel
1 Stange Lauch
150g Kartoffel
150g Weißkohl
2 Tomaten
1 Knoblauchzehe
50g Sellerie
1 Esslöffel Tomatenmark
1 Esslöffel Mehl
1 Tasse Sauerkraut
1,5 Liter Wasser
1 Lorbeerblatt
sowie Petersilie, Selleriegrün, Salz, Pfeffer und Dille nach Wunsch

1 Messer
1 Kochtopf
1 Kochlöffel
1 Paar Handschuhe

Bevor noch andere Arbeit getan, so wasche zuerst sämtliches Gemüse. Schneide es in feine Streifen.
Röste dies Gemüse in etwas Fett in einem Topf an. Stäube nun das Mehl darüber und fülle mit Wasser auf. Bringe den Topfinhalt zum Kochen. Erst, wenn dieser Moment gekommen, füge das Tomatenmark hinzu.

Gestatte der Suppe nun an die 30 Minuten zu kochen. Sofern das Gemüse bereits vorab durch sei, genügte diese Zeit ebenso. Würze nun mit Salz sowie Pfeffer.

Nun gebe das Sauerkraut sowie den Rote Rüben Saft hinzu. Lasse den gesamten Topfinhalt nun aufkochen. Als Abschluss schmecke mit Petersilie und Dille ab. Auch wenn sie nun bereits essbar sei, so lasse die Suppe dennoch eine Weile ruhen. Der Geschmack profitiere davon.

<u>Anmerkung:</u>
Als Beilage zur Suppe wähle geröstete Brotscheiben oder Croutons, sofern möglich mit Knoblauchgeschmack. Biete zudem etwas Sauerrahm sowie Schnittlauch zusätzlich an.

<u>Vorschlag für Fleisch/Fisch:</u>
Wähle Rind. Schneide es klein, sodass es mit dem Löffel verzehrbar sei und lasse es von Anfang an im Topf mitkochen.

Frühlingssuppe

Benötigt werden:
500g Erbsen
1 Karotte
3 mittelgroße Zwiebel
1 Stange Lauch
3 Stück Lorbeerblätter
sowie Knoblauch, Salz, Pfeffer und Petersilie nach Wunsch

1 Messer
1 Kochtopf
1 Kochlöffel
1 flotte Lotte oder 1 Pürierstab sofern Strom vorhanden

Frische, möglichst junge Erbsen, schmecken hierbei am Besten. Gebe sie in einem Kochtopf zu kochendem Salzwasser.
Lass sie ruhig einige Minuten so vor sich hin kochen. Putze das restliche Gemüse und schneide es klein. Gebe es zu den Erbsen in den Topf. Koche nun alles schön weich. Verwende Knoblauch, Salz sowie Pfeffer zur Würze, schmecke damit die Suppe richtig schön ab.
Püriere die gesamte Suppe und mische noch etwas Petersilie unter.
Sobald die Suppe in den Tellern sei, gebe noch etwas frischen Schnittlauch und einen kleinen Löffel Sauerrahm oben auf.

Anmerkung:
Als Beilage zur Suppe wähle frisches Gebäck.

Vorschlag für Fleisch/Fisch:
Wähle Debreziner-Wurst. Schneide diese klein, sodass es mit

dem Löffel verzehrbar sei und lasse es von Anfang an im Topf mitkochen.

Sauerkrautsuppe

Benötigt werden:
250g Sauerkraut
500ml fertige Gemüsebrühe
1 große, rohe Kartoffel
1 Teelöffel Mehl
etwas Fett
100g Champignon
etwas weißen Wein
sowie Petersilie, Salz und Pfeffer nach Wunsch

1 Messer
1 Kochtopf
1 Kochlöffel
1 Reibeeisen

Zuerst wasche das Sauerkraut und schneide es schön klein. Anschließend schäle und reibe die Kartoffel.
Lasse als nächstes etwas Fett in einem Kochtopf heiß werden und streue das Mehl ein. Gebe das Sauerkraut hinzu und lasse es an die 3 Minuten bei leichtem Umrühren in der Pfanne. Nun schenke die Gemüsebrühe in den Topf. Lasse dies kurz aufkochen und rühre anschließend die geriebene Kartoffel langsam ein.

Die Suppe benötigt etwas Zeit, warte also an die 30 Minuten und lasse sie derweil köcheln. In dieser Zeit kümmer dich um die Champignon. Putze sie gründlich und schneide sie zurecht in Stücke einer passenden Größe. Gebe diese ebenfalls in die Suppe, daran gleich im Anschluss daran den Wein.

Abschließend schmecke die Suppe mit Petersilie, Salz sowie Pfeffer ab.

Anmerkung:
Als Beilage zur Suppe wähle geröstete Croutons oder Backerbsen.

Vorschlag für Fleisch/Fisch:
Wähle Rind oder deftige Wurst. Schneide diese Wahl klein, sodass es mit dem Löffel verzehrbar sei und lasse es von Anfang an im Topf mitkochen.

Waldsuppe

Benötigt werden:
150g Blätter von Bärlauch oder Sauerampfer
sowie Mehl, Sauerrahm und Gemüsebrühe nach Bedarf

1 Messer
1 Kochtopf
1 Kochlöffel

Wasche gründlich die Blätter und schneide sie hernach in dünnere Streifen. Gebe sie in einen Kochtopf und dünste sie zusammen mit etwas Wasser. Sie sollten baldigst eine weiche bis vielleicht sogar breiige Masse erhalten.

Nun füge ausreichend Wasser hinzu, dass die Blätter schön bedeckt sein wollen. Dazu nehme noch ausreichend Mehl um alles gut zu binden. An die 2 Esslöffel mögen leicht ausreichen.
Wo ansonsten Gewürz und Kräuter genutzt nehme dieses Mal die Brühe. Doch achte darauf nicht zu viel zu nutzen, denn wichtiger ist es geschmacklich die Kräuter zu erhalten. Gieße bei Bedarf auch etwas Wasser nach und lasse alles aufkochen.

So der Wunsch danach besteht, rühre Sauerrahm unter. Auch als Dekoration gebe einen kleinen Löffel Sauerrahm auf die Suppe.

<u>Anmerkung:</u>
Sammle bevorzugt junge Blätter, diese verfügen über den zartesten und besten Geschmack. Als Beilage zur Suppe wähle geröstete Croutons.

<u>Vorschlag für Fleisch/Fisch:</u>
Wähle gute Wurst ohne zu starken Eigengeschmack. Schneide diese klein, sodass sie mit dem Löffel verzehrbar sei und lasse sie von Anfang an im Topf mitkochen.

Milchsuppe

<u>Benötigt werden:</u>
500ml gute Vollmilch
sowie Wasser, Salz und auch Zucker nach Wunsch

1 Kochtopf
1 Kochlöffel

So die Möglichkeit besteht nimm direkt von einem Bauern frisch gemolkene Milch. Je mehr verarbeitet und dünner sie ist, umso lauer der Geschmack.
Erhitze erst die Milch in einem Topf bis diese koche. Gebe nun ausreichend Wasser hinzu, dass die Milch noch nach Milch statt nach Wasser schmecke. Als gutes Mischverhältnis nutze dies:
2/3 Milch
1/3 Wasser
Dieses nun existierende Milchwasser koche ein weiteres Mal auf und nehme sie anschließend vom Herd. Schmecke mit

Salz und Zucker ab, achte darauf mit Zucker sparsam zu verfahren.

Anmerkung:
Als Beilage zur Suppe wähle aufgebackenes Gebäck vom Vortag. Soll diese Suppe für die Herrschaft sein, so wähle anstelle des normalen Zuckers etwas Vanillezucker. Diese Suppe möge häufig des morgens dem Gesinde gereicht werden. Gute Milch, möglichst frisch, biete die nötigen Nährstoffe für den Tagesbeginn und zur körperlich anstrengenden Tätigkeit.

Vorschlag für Fleisch/Fisch:
Die Milchsuppe schmeckt ohne fleischige Beilagen eindeutig besser. Sollte dennoch der Wunsch danach bestehen, so probiere etwas Leberaufstrich auf das Gebäck gestrichen und reiche dies als Beilage.

Einfache Gemüsesuppe

Benötigt werden:
1 großer oder 2 kleine Bund Suppengrün
1 große Zwiebel
2 mittelgroße Kartoffel
1 Handvoll Reis
sowie Salz, Pfeffer, Kren, Suppenbrühe und Liebstöckl nach Wunsch

1 Messer
1 Kochtopf
1 Kochlöffel

Wasche als erstes sämtliches Gemüse und schneide es klein. Wobei es sich empfiehlt eher kleiner zu schnippeln. Anschließend gebe es in einen Topf mit kochendem Wasser.

*Gleichermaßen verfahre mit Reis und Suppenbrühe.
Achte darauf, wann der Reis weich geworden - dann nehme die Suppe vom Feuer und schenke sie in Teller ein.*

<u>Anmerkung:</u>
Als Beilage zur Suppe wähle frisches Schwarzbrot, Nudeln oder Frittaten. Gebe auch einen kleinen Klacks Kren in die Mitte des Tellers.

<u>Vorschlag für Fleisch/Fisch:</u>
Wähle Debreziner-Wurst, Huhn oder Rind, schneide es klein und koche es in der Suppe mit.

Brennnesselsuppe

**<u>Benötigt werden:</u>
500g frische Brennnesselblätter
1 große Zwiebel
sowie Suppenpulver, Öl und Knoblauch nach Wunsch**

**1 Messer
1 Kochtopf
1 Kochlöffel
1 flotte Lotte oder 1 Pürierstab sofern Strom vorhanden**

Schäle und schneide zuerst die Zwiebel klein und brate sie anschließend in ausreichend Öl goldgelb an. Füge nun etwas Knoblauch hinzu, doch sei vorsichtig damit.

*Röste diesen nicht allzu lange, sondern füge binnen weniger Minuten einen knappen halben Liter Wasser hinzu. Nun schneide die Brennnesselblätter grob. Sobald das Wasser zu köcheln beginne, gebe die Blätter dazu und warte bis diese weich seien.
Püriere nun den Topfinhalt und füge noch ausreichend*

Wasser. Bei Bedarf würze noch mit etwas Suppenpulver nach.

Anmerkung:
Als Beilage zur Suppe wähle frisches Schwarzbrot oder Croutons. Auch gekochte, klein geschnittene Kartoffel seien hier ans Herz gelegt. Biete Sauerrahm sowie Schnittlauch zusätzlich an.

Vorschlag für Fleisch/Fisch:
Wähle Speckwürfel. Doch lasse diese erst nach dem Pürieren mitkochen.

Kartoffelsuppe

Benötigt werden:
400g gekochte Kartoffel
100g Pilze nach Wahl
1 Stange Lauch
1 große Zwiebel
sowie Suppenpulver und Öl nach Wunsch

1 Messer
1 Kochtopf
1 Kochlöffel
1 flotte Lotte oder 1 Pürierstab sofern Strom vorhanden

Schneide zuerst die Zwiebel und den Lauch klein, die Pilze grob. Schäle die Kartoffel und zerdrücke diese.
Nun dünste die Zwiebel in etwas Fett an, bis deren Farbe dem Goldton ähnlich sei. Gebe nun den Rest der Zutaten dazu, fülle mit ausreichend Wasser an, bis alles gut bedeckt sei. Lasse den Inhalt gut durchkochen. Anschließend püriere die Suppe. Schmecke mit Suppenpulver und Gewürzen nach Wunsch ab.

Anmerkung:
Als Beilage zur Suppe wähle frisches Schwarzbrot oder Croutons. Auch gekochte, klein geschnittene Kartoffel seien hier ans Herz gelegt. Biete Sauerrahm sowie Schnittlauch zusätzlich an.

Vorschlag für Fleisch/Fisch:
Wähle Speckwürfel. Doch lasse diese nach dem Pürieren wohlweislich mitkochen.

Kürbissuppe

Benötigt werden:
1 kg Kürbisfleisch
250g Karotten
1 Apfel
3 mittelgroße Zwiebel
etwas Öl, Ingwer, Chili, Muskatnuss, Kürbiskernöl und Kürbiskerne nach Wunsch

1 Messer
1 Kochtopf
1 Kochlöffel
1 flotte Lotte oder 1 Pürierstab sofern Strom vorhanden

Zuerst putze gründlich sämtliches Gemüse. Wasche und schneide anschließend alles klein. Aus dem Kürbis entnehme das Fruchtfleisch. Dünste nun die Zwiebel in heißem Fett an, lasse sie darin goldgelb werden. Sobald der Farbton erreicht, füge Wasser hinzu bis alles bedeckt sei und lasse nun sämtliche Sachen gut durchkochen.
Anschließend schmecke mit geriebenem Ingwer, Chili sowie Muskatnuss ab. Püriere nun alles zu einer feinen, cremigen Substanz.

Füge nun noch einen etwas Kürbiskernöl sowie einige zerkleinerte Kürbiskerne auf die Suppe. So serviere sie.

Anmerkung:
Als Beilage zur Suppe wähle frisches Brot. Biete Sauerrahm sowie Schnittlauch zusätzlich an.

Vorschlag für Fleisch/Fisch:
Wähle Speckwürfel. Doch lasse diese erst nach dem Pürieren mit kochen.

Eintöpfe

Der Eintöpfe großer Gewinn sind Vielfalt und Genügsamkeit in einem. Zaubere mit Kräutern und Gewürzen, füge das, was zur entsprechenden Jahreszeit zur Verfügung steht hinzu und siehe, welche Wunder ein wärmender Eintopf dem Magen zu bereiten in der Lage sei.
Obschon Eintopf regulär doch eher des Gesinde Nahrung darstelle, so möge auch die Herrschaft sich daran erfreuen, wenn die Ingredienzien entsprechend gut gewählt, gesund und schmackhaft bereitet werden.

Ähnlich der Bereitung von Suppen können Eintöpfe getrost den ganzen Tag im Kessel über der Flamme schmoren.

Rezept		Epoche / Spielwelt
Potjiekos - Eintopf	Vegan	Jede
Succotash - Mais-Bohnen	Vegan	Amerika/Fantasy
Kürbisgemüse	Vegan	Fantasy
Bohneneintopf Westernstyle	Vegan	Wildwest / Fantasy
Linseneintopf	Vegan	Fantasy
Einfache	Vegan	Fantasy

Gemüsepfanne mit Pilzen		
Herbstliche Pilzpfanne	Vegetarisch	Fantasy
Bohneneintopf	Vegetarisch	Jede
Kürbiseintopf	Vegan	Fantasy
Tomaten/Gurkenschmortopf	Vegetarisch	Jede
Fenchel/Zucchini Schmorpfanne	Vegan	Fantasy

Potjiekos - Eintopf

Dieser Eintopf sei jedem ans Herz gelegt, der gerne deftig zu speisen wünsche. Allerdings benötige er etwas Zeit zum Kochen und daher eine entsprechende Vorbereitungszeit. Es empfiehlt sich diesen Eintopf am Vortag vorzubereiten und am gewünschten Tage nur noch aufzuwärmen. Als weitere Möglichkeit sei genannt, diesen Eintopf des Morgens vorzubereiten und den ganzen Tag über am Köcheln zu erhalten. Dies möge bei einem Lagerfeuer durchaus wohlwollende Gerüche und Stimmung hervorrufen.

Benötigt werden:
1 Dose Tomaten
1 große Zwiebel
3 Kartoffel
1-2 Stangen Sellerie
1 Stange Lauch
100g Weißkohl
2 Karotten
250g Kürbis
100g grüne Bohnen
Knoblauch, Petersilie, Pfeffer und Salz nach Wunsch

1 Messer
1 grosser Kochtopf
1 Kochlöffel

Putze sämtliches vorhandene Gemüse, wasche und zerkleinere es. Schneide Lauch und Kraut in feine Streifen oder Ringe, alles andere in gröbere Stücke. Die Petersilie hacke fein.

Nehme einen Kochtopf und gebe die Lebensmittel in dieser Reihenfolge hinein:
Kartoffel
Karotten
Bohnen
Sellerie
Kürbis
Zwiebel
Lauch
Kohl
Obenauf schichte noch Tomaten und Wasser ausreichend um alles zu bedecken. Gebe Salz, Pfeffer, Knoblauch sowie Petersilie hinzu und stelle die Flamme der Feuerstelle niedriger ein.
Rühre nicht um, sondern hebe bisweilen von unten mit dem Kochlöffel an. Achte darauf, dass der Gutteil der Flüssigkeit verdampft sei, bevor serviert werde.

Anmerkung:
Als Beilage wähle Reis. In vegetarisch bereiteter Form erinnert der Geschmack an milde Gemüsesuppe.

Vorschlag für Fleisch/Fisch:
Wähle Rind, Huhn oder Schinken. Lasse das Fleisch, kleiner geschnitten, einfach mitkochen.

Succotash - Mais-Bohnen

<u>Benötigt werden:</u>
2 Esslöffel Margarine
2 Zwiebel
1 Paprika
2 kleine Kartoffel
2 Tassen Kidneybohnen
1 große Dose Tomate
400g Maiskörner aus der Dose
1 Teelöffel Zucker
250ml Wasser
sowie Salz und Pfeffer nach Wunsch

1 Messer
1 Kochtopf
1 Kochlöffel

Als erstes schäle und schneide die Zwiebel klein, am besten hacke sie. Putze und wasche nun die Paprikaschote, schneide diese in kleinere Würfel.

Gebe nun die Margarine in die Pfanne, warte bis sie flüssig werde. Dünste darin das Gemüse auf kleiner Flamme an. Schäle nun die Kartoffel und schneide auch diese in Würfel. Nun füge das Wasser hinzu.
Auf den Topf gebe nun den Deckel und lasse alles an die 5 Minuten köcheln. Im Anschluss daran gebe die Bohnen hinzu. Lasse nun weitere 15 Minuten köcheln, jedoch achte darauf, dass das Wasser nicht völlig verdunste. Nun gebe Tomaten, Mais und Zucker hinzu, lasse den Eintopf ein weiteres Mal aufkochen und noch an die 10 Minuten kochen. Anschließend schmecke mit Salz und Pfeffer ab.

<u>Anmerkung:</u>
Als Beilage wähle Salat, am besten frisch zubereiteter Salat mit viel Grün.

<u>Vorschlag für Fleisch/Fisch:</u>
Wähle Rind, Huhn oder Schwein. Ersetze die Margarine durch Schmalz.

Kürbisgemüse

<u>Benötigt werden:</u>
300g Kürbisfleisch (auch von verschiedenen Kürbissen)
50g Margarine
4 Tomaten
sowie Kräutersalz, Basilikum und Petersilie nach Wunsch

1 Messer
1 Kochtopf
1 Kochlöffel

Nimm zuerst das Kürbisfleisch aus dem Kürbis und schneide es in gröbere Würfel. Schwitze diese in einem Kochtopf in etwas Fett an.

Würfle derweilen die Tomaten und entkerne diese. Entferne die Schale. Gebe die Tomaten zu den Kürbiswürfeln und dünste sie zusammen an die 5 Minuten. Nun füge Kräutersalz hinzu. Hacke Basilikum und Petersilie klein und mische sie unter die Kombination.

Obwohl dies Gericht auch als Beilage der Nutzung dienlich sein kann, so stehe es wohl auch als Hauptgericht selbständig.

<u>Anmerkung:</u>
Als Beilage wähle frischen Gurkensalat.

Vorschlag für Fleisch/Fisch:
Brate Fleisch oder Wurst nach Wahl und gebe das Kürbisgemüse als Beilage.

Bohnentopf - Westernstyle

Besonders geeignet sei dieser Eintopf für Liebhaber der weiten offenen Flächen und der Lagerfeuer.

Benötigt werden:
Dose große weiße Bohnen
1 große Zwiebel
1 Prise Paprikapulver
1 Esslöffel Cayennepfeffer
2 Esslöffel Grillgewürz

1 Messer
1 gusseiserne Pfanne
1 Kochlöffel

Zuerst schäle und schneide die Zwiebel klein. Lasse diese in etwas Fett goldgelb anrösten. Spare nicht an Fett, denn dieses sorge für den ganz besonderen Geschmack.

Nehme die Bohnen aus der Dose und wasche sie kurz, gebe sie anschließend in die Pfanne dazu.
Auch die Gewürze rühre jetzt unter. Nun lege den Deckel auf die Pfanne und lasse alles eine Weile kochen - also an die 10-15 Minuten.

Serviere dies Gericht in der Pfanne am Tisch (am besten auf einem Holzbrett).

Anmerkung:
Als Beilage wähle frisches weißes Brot.

Vorschlag für Fleisch/Fisch:
Wähle Speckwürfel und gebe sie zu den Bohnen in die Pfanne. Zusätzlich ließe sich die Margarine durch etwas Schweineschmalz ersetzen.

Linseneintopf

Benötigt werden:
500g Linsen aus der Dose
1 große Zwiebel
1/2 Stangen Linsen
2 mittelgroße Kartoffel
100ml Brühe
sowie klein geschnittene Petersilie nach Wunsch

1 Messer
1 Kochtopf oder 1 Pfanne
1 Kochlöffel

Schäle und schneide die Zwiebel klein. Röste sie in Öl an, bis sie in goldgelber Farbe schimmern mögen.
Schäle und schneide auch beizeiten die Kartoffel in kleine Würfel und gebe sie unter die goldgelben Zwiebelstücke. Diese nehmen langsam eine leicht bräunliche Kruste an, damit sie wirklich schmecken. Nach annähernd 2 Minuten füge die Linsen hinzu, nehme aber das Wasser aus der Dose dazu.
Lasse diese Mischung etwas ziehen und füge anschließend noch an die Brühe hinzu.

Schneide noch den Lauch in dünne Ringe und hebe sie unter die Linsen. Lasse den Eintopf nun an die 15 Minuten köcheln. Rühre jedoch ab und zu um, lasse ihn keinesfalls anbrennen.

Gebe den Eintopf in Teller und streue noch etwas Petersilie darüber.

Anmerkung:
Als Beilage wähle frisches Brot.

Vorschlag für Fleisch/Fisch:
Wähle Speckwürfel und brate diese in der Pfanne oder dem Kochtopf mit.

Einfache Gemüsepfanne mit Pilzen

Wähle möglichst farbenfrohe Zutaten für dieses Gericht, dies gestalte sich besonders im Herbst als leicht.

Benötigt werden:
100g Pilze nach Wunsch
250g Gemüse gemischt nach Wunsch
1 rote Zehe
1 Knoblauchzehe
1 Esslöffel Apfelessig
1 Esslöffel Petersilie
1 Esslöffel Schnittlauch
sowie Sauerrahm, Salz und Pfeffer nach Wunsch

1 Messer
1 gusseiserne Pfanne
1 Kochlöffel

 Wasche und putze sämtliches Gemüse, widme dich aber besonders den Pilzen. Schneide alles in Scheiben, je dünner umso zarter und wohlschmeckender. Ziehe den Knoblauch ab und hacke ihn klein.

Erhitze in einer Pfanne etwas Öl und wärme diese. Gebe Gemüse und Pilze hinein und brate sie darin an. In der Zwischenzeit hacke Petersilie und Schnittlauch klein. Füge

etwas Wasser, sowie Essig, Petersilie und Schnittlauch hinzu.
Rühre gut um und würze mit Salz und Pfeffer.
Serviere diese Pfanne mit etwas Sauerrahm.

Anmerkung:
Als Beilage wähle frisches Brot oder Reis.

Vorschlag für Fleisch/Fisch:
Brate Fleisch oder Wurst nach Wahl und gebe die Gemüsepfanne Beilage. Oder schneide Fleisch / Wurst nach Wahl klein und brate diese von Anfang an mit.

herbstliche Pilzpfanne

Benötigt werden:
1 mittlere Zwiebel
750g gemischte Pilze
2 Knoblauchzehen
1 Bund Schnittlauch
5 Eier
3 Esslöffel Olivenöl
Salz und Pfeffer nach Wunsch

1 Messer
1 Pfanne
1 Kochlöffel
1 Knoblauchpresse
1 Mischbecher

Als erstes schäle die Zwiebel und hacke sie ganz fein. Brate sie in einer Pfanne mit heißem Öl an, bis die Zwiebel goldgelb geworden.
Währenddessen wasche und putze die Pilze gründlich.
Anschließend schneide sie in schöne, feine Streifen. Je feiner

geschnitten, umso schneller seien diese durch. Gebe sie zu den Zwiebeln in die Pfanne und dünste alles an die 10 Minuten. Die Knoblauchzehen schäle, drücke sie durch die Knoblauchpresse direkt in die Pfanne. Würze mit Salz sowie Pfeffer. Verrühre gut und gebe einen Deckel auf die Pfanne, lasse alles darin fein andünsten.

Nun gebe die Eier in einen Becher und verquirle diese dort. Wasche den Schnittlauch gründlich, schneide ihn klein und füge ihn zu den Eiern hinzu. Gebe diese Mischung über den Pfanneninhalt und warte bis die Mischung gestockt.

Nehme nun die Pfanne vom Herd und schneide den Inhalt in kleinere Stücke.

<u>Anmerkung:</u>
Als Beilage wähle frischen Salat und wohl auch Reis sowie gekochte Kartoffel. Auch etwas Sauerrahm biete eine wohlschmeckende Zutat als Beilage.

<u>Vorschlag für Fleisch/Fisch:</u>
Wähle Salami oder Kantwurst, schneide diese klein und brate sie bei der Pilzpfanne mit.

<u>Bohneneintopf</u>

<u>Benötigt werden:</u>
1 Dose weiße Bohnen
1 kleine Dose schwarze Oliven
1 kleine Dose Kapern
1/2 Tasse rote Linsen
1 kleine Zwiebel
1 Ei
sowie Olivenöl, Meersalz, Petersilie sowie Majoran nach Geschmack

1 Messer
1 Pfanne
1 Kochlöffel

Schäle als erstes die Zwiebel und schneide sie in kleine Stücke. Brate sie in etwas Öl an, bis sie leicht goldgelben Farbton annehmen. Gebe nun Kapern, Bohnen sowie Oliven dazu und brate diese mit. Lasse sie dafür an die 5 Minuten im Topf.

Füge nun die Linsen sowie etwas Wasser hinzu. Lasse dem Eintopf ausreichend Zeit zum Köcheln, achte jedoch darauf, dass das Wasser nicht völlig verdunste.
Schlage nach etwa 10 Minuten ein Ei in die Pfanne und rühre gründlich durch. Lasse den Eintopf noch an die 5 Minuten braten und serviere hernach.

Anmerkung:
Als Beilage wähle frisches Brot oder Reis. Auch guter Salat, frisch bereitet, sei dafür willkommen.

Vorschlag für Fleisch/Fisch:
Wähle Huhn. Schneide es klein und brate es separiert, mische die Stücke jedoch vor dem Servieren in die Pfanne unter.

Kürbiseintopf

Benötigt werden:
500g Kürbisfleisch
250g Lauch
500g rohe Kartoffel
60g Margarine
2 Tomaten

sowie Wasser, Petersilie oder Schnittlauch, Salz, Kümmel und Paprikapulver nach Wunsch

1 Messer
1 Kochtopf
1 Kochlöffel

Höhle als erstes den Kürbis aus und entnehme diesem das Fruchtfleisch. Schneide das Fruchtfleisch, Kartoffel und Tomaten in Stücke, den Lauch in Ringe. Doch achte darauf, sämtliches Gemüse solle frisch gewaschen und sauber sein.

Brate in einem Kochtopf Kürbisstücke sowie Lauchringe in zerlassener Margarine an. Gebe kurz darauf die Tomaten dazu. Nun lasse alles für einige Minuten kurz andünsten und füge anschließend Salz, Kümmel sowie Paprikapulver dazu. Mische alles gut durch. Füge nun etwas Wasser hinzu und zwar ausreichend, dass alle schön bedeckt sei. Lasse den Eintopf gut durchschmoren. Das Wasser möge dabei durchaus beinahe völlig verdunsten.
Gebe ihn in Teller und streue Petersilie oder Schnittlauch auf den Eintopf.

<u>Anmerkung:</u>
Als Beilage wähle frischen, grünen Salat.

<u>Vorschlag für Fleisch/Fisch:</u>
Wähle Schwein oder Huhn. Schneide es klein und lasse sie mitkochen.

Tomaten/Gurkenschmortopf

Dieser Schmortopf bietet eine ausgezeichnete Möglichkeit verschiedener Gemüsevariationen. Wähle, saisonales Gemüse und verarbeite dieses. Doch nehme nur eine

Handvoll verschiedener Sorten. Tausche durchaus auch die Sorten aus.

Benötigt werden:
75g Margarine
1 Zwiebel
500g Tomaten
1 Gurke
ein kleines Stück Sellerie
500g Kartoffel
3 EL Sauerrahm 15%
sowie Zucker, Paprikapulver nach Wunsch

1 Messer
1 Kochtopf
1 Kochlöffel

Wasche erst sämtliches Gemüse gründlich.
Schäle die Zwiebel und schneide sie klein. Lasse sie in einem Kochtopf mit geschmolzener Margarine goldgelb anrösten.
Nun schneide die Tomaten in Stücke, Gurken in Streifen und die Sellerie zerhacke. Gebe sie zur Zwiebel und brate sie mit dieser zusammen.
Fängt das Gemüse an weich zu werden füge Wasser hinzu. Es braucht nicht mehr als vielleicht ein Becher voll zu sein.

Nun gebe einen passenden Deckel oben auf und lasse alles an die 10 Minuten schmoren. In dieser Zeit schäle die Kartoffel und schneide sie zu dünnen Scheiben. Gebe diese zur Pfanne, rühre alles einmal kurz um und gebe wieder den Deckel drauf. Lasse alles weitere 15 Minuten köcheln. Achte auf die Flüssigkeit. Gieße gegebenenfalls nach, wenn sämtliches Wasser verdunstet sei.

Lasse das Gemüse dünsten bis es durch sei und nehme es dann von der Feuerstelle. Schmecke mit Salz, Zucker sowie

Paprikapulver gut ab, füge noch etwas Rahm hinzu und lasse dem Schmortopf etwas Zeit.

Anmerkung:
Als Beilage wähle Bratkartoffel oder frischen, grünen Salat.
Biete Kren in einer zusätzlichen Schale an.

Vorschlag für Fleisch/Fisch:
Wähle Schwein. Schneide es klein und lasse sie mitkochen.

Fenchel/Zucchini Schmorpfanne

Benötigt werden:
400g Fenchel mit Grün
100g Zucchini
300g Karotten
2 Esslöffel Olivenöl
1 kleiner Schuss Weißer Wein
sowie Knoblauch, Basilikum, Salz und Pfeffer nach Belieben

1 Messer
1 Pfanne
1 Kochlöffcl

Zuerst wasche das Gemüse gut. Schäle und schneide sämtliches Gemüse in dünne, länglichere Stifte.
Erhitze das Öl in einer Pfanne und dünste darin das Gemüse an. Während das Gemüse in der Pfanne vor sich hin brutzelt, hacke das Fenchelgrün klein.
Sobald das Gemüse mit einer Gabel einfach durchstochen werden könne, füge Knoblauch, Salz und Pfeffer nach Geschmack hinzu. Lasse den Pfanneninhalt noch an die 5

weitere Minuten dünsten und lösche anschließend mit dem Weißen Wein ab. Mische nun noch das Fenchelgrün darunter.

Anmerkung:
Als Beilage wähle frischen, grünen Salat mit Gurken- und Tomatenstücken.

Vorschlag für Fleisch/Fisch:
Wähle Schwein oder Huhn. Schneide es klein und lasse es mit der Pfanne von Beginn an mit schmoren. Allerdings biete sich hier auch die Möglichkeit an, die Pfanne als Beilage zu gebratenem oder gegrillten Fleisch zu servieren.

Beilagen

Derer gibt es erstaunlich viele und doch stets zu wenige. Dies betrifft nicht nur Brot, sondern auch verschiedene Salate, die bisweilen selber zum Hauptgericht werden.
Wie bei den Suppen sollte auch auf die Beilagen Gewicht liegen. Mit ihnen steigt und fällt der Geschmack des Hauptgerichtes. Ohne Beilagen schmecken Hauptspeisen bisweilen nur noch halb so gut.

Saucen

Dergestalt gibt es sehr viele, wohlschmeckende und weniger gute im Geschmack. Hier eine kleine Auswahl, die durchaus auch zu Nudeln gereicht werden dürfen. Generell sei anzumerken, dass Saucen stets vorzüglich zu gegrillten Sachen hervorragend schmecken.
So gut wie jedes Gericht, lasse sich zusätzlich mit vorzüglichen Saucen aufwerten.

Rezept		Epoche / Spielwelt
Champignonsauce	Vegetarisch	Jede
Mayonnaise	Vegetarisch	Jede
Knoblauchsauce/Dip	Vegetarisch	Jede
Sourcream Dip	Vegetarisch	Jede
Senfsauce	Vegan	Jede
Nuss-Sauce	Vegan	Jede
Bärlauchpesto	Vegetarisch	Jede
Selleriesauce	Vegan	Jede
Hokkaido Kürbissauce	Vegan	Jede
Fenchelsauce	Vegetarisch	Jede
Lauchsauce	Vegetarisch	Jede

Champignonsauce

Benötigt werden:
500g Champignon
200g Sauerrahm 15%
2 Esslöffel Mehl
2 Esslöffel Margarine
2 Karotten
2 Petersilienwurzel mit Grün
2 Zwiebel
sowie Zitrone, Zucker, Salz, Pfeffer, Essig und Zitrone nach Wunsch

1 Messer
1 Kochtopf
1 Kochlöffel
1 flotte Lotte oder 1 Pürierstab sofern Strom vorhanden

Zuerst säubere das Wurzelwerk. Schäle und schneide es in Streifen. Hacke die geschälte Zwiebel klein. Gebe dies so zerkleinerte Gemüse in einen Kochtopf. Füge Wasser, einen Schuss Essig, Salz sowie etwas Pfeffer hinzu und gare es.

Sobald alles weich gekocht, püriere den Inhalt des Kochtopf.
Füge nun etwas Zitronensaft und Sauerrahm hinzu und rühre
beides gut ein.
Nun nehme die Champignon, putze und schneide sie in
Scheiben. Gebe diese in die Brühe hinzu und lasse alles an
die 15 Minuten etwas köcheln.

Schneide noch das Petersiliengrün klein und streue dieses auf
die fertige Sauce.

Anmerkung:
Als Beilage wähle gekochten Reis oder Semmelknödel.
Anstelle der Margarine möge auch Butter eine gute Wahl
darstellen. Auch Sauerrahm ließe sich hier vorzüglich
einbringen.

Vorschlag für Fleisch/Fisch:
Wähle Schein und brate dies Fleisch in einer separierten
Pfanne scharf an. Als Würze dafür seien Salz und Pfeffer
völlig ausreichend.

Mayonnaise

Wer in den Märkten steht, greift meist zu einer Sorte an
Mayonnaise. Dies Produkt, aus der Not heraus entstanden, zu
vielen Mahlzeiten längst unentbehrlich geworden, lasse sich
jedoch auch selber herstellen.

Bereite einmal selber zu, was sonst nur gekauft auf dem Tisch
lande - und variiere!

Benötigt werden für die klassische Variante:
1 rohes Eigelb
1 Messerspitze Senf
1 Prise Salz
1 Prise Zucker

125ml Öl
1 Teelöffel Essig oder Zitronensaft

1 Schneebesen
1 Schale

Vermische zuerst Senf mit Salz und Zucker mittels des Schneebesens. Rühre dabei ständig, die Konsistenz möge sonst nicht so werden, wie gewünscht.
Gebe anschließend langsam fließend die Hälfte des Öles hinzu. Rühre auch hier die ganze Zeit weiter. Nach dem Öl füge den Essig in gleicher Weise hinzu. Abschließend gebe den Rest des Öles hinzu.
Doch vergesse nicht aufs Rühren! Sobald die Mayonnaise sämig sei, dann möge sie am Tische serviert werden.
Eines sei hier allerdings anzumerken. Dies Grundrezept möge geschmacklich etwas stark essiglastig schmecken. Sollte dies nicht erwünscht sein, dann wähle die nachfolgende Version.

Nehme ruhig die Grundvariante, aber verfeinere diese mit einem 2. Eigelb sowie mehr Senf, Salz und Pfeffer nach Geschmack. Probiere, wenn alles gut unterrührt, und schenke kleinweise nach, bis der Geschmack dem Gewünschten entsprechen möge.

<u>Benötigt werden für eine rein pflanzliche Variante:</u>
1 Becher mit 50 ml Sojamilch
100ml Öl
etwas Zitronensaft
1 Teelöffel Senf nach Wahl
sowie Kräuter, Salz und Zucker nach Wunsch

1 Schneebesen oder Mixer sofern Strom vorhanden
1 Schale

Vermische Sojamilch und Öl mit dem Zitronensaft, rühre so lange, bis eine halbwegs cremige Substanz entstehe. Anschließend schmecke noch mit Kräutern, Salz und Zucker ab, bis der Geschmack ausreichend sei.

<u>Anmerkung:</u>
Nicht jede Marke Sojamilch sei dafür als brauchbar anzusehen. Probiere bereits vorab, welche Marke hierfür Sinn machen möge!

<u>Vorschlag für Fleisch/Fisch:</u>
Wähle, was immer als schmackhaft dafür scheinen möge..

Knoblauchsauce/Dip

Diese Sauce ist für beinahe alles brauchbar. Doch sei vorsichtig, nicht jeder Esser schätze Knoblauch gleichermaßen wohlschmeckend ein.

<u>Benötigt werden:</u>
6 Esslöffel Joghurt 3,5%
2 Esslöffel Mayonnaise
3 Esslöffel Sauerrahm 15%
3 Knoblauchzehen
1 Teelöffel scharfer Senf
sowie Pfeffer, Salz, Zucker und Essig nach Wunsch

1 Messer
1 Knoblauchpresse
1 Schale
1 Gabel oder ein Schneebesen

Schäle als erstes den Knoblauch und drücke diesen durch die Knoblauchpresse. Mische nun Mayonnaise, Senf sowie Sauerrahm gut durch und füge noch einen guten Schuss

Essig hinzu. Rühre anschließend den gepressten Knoblauch unter.

Nun sorge dafür, dass die Sauce gekühlt etwas Ruhe erhält. Nach einer guten halben Stunde schmecke die Sauce mit etwas Salz, Pfeffer und Zucker ab.

<u>Anmerkung:</u>
So manch einer schätzt dieses Sauce besonders wegen des Knoblauch sehr. Dies zu verstärken ermögliche die Anzahl der verwendeten Knoblauchzehen gleichwohl der Verwendung von Knoblauchessig statt eines normalen.

<u>Vorschlag für Fleisch/Fisch:</u>
Wähle gegrilltes Fleisch. Die Art des Fleisches möge hierbei nicht ausschlaggebend gelten.

Sourcream Dip

Als beinahe schon klassisch lasse sich diese Sauce benennen. Hinzu möge noch aufgeführt werden deren Beliebtheit bei Herrschaften wie auch dem einfachen Gesinde. Zudem sei zu erwähnen, wie schnell diese Sauce bereitet sei.

<u>Benötigt werden:</u>
1 Bund Petersilie
Knoblauchsalz nach Wunsch
1,5 Becher Sauerrahm

1 Messer
1 Schale
1 Gabel oder Schneebesen

Wasche als erstes gründlich die Petersilie und hacke sie ganz fein. Gebe sie zum Sauerrahm und füge etwas Knoblauchsalz hinzu. Mische alles gründlich durch.

Anmerkung:
Statt Knoblauchsalz ließe sich auch mit frischem Knoblauch diese Sauce bereiten. Doch geschmacklich siege hier wohl das Knoblauchsalz.

Vorschlag für Fleisch/Fisch:
Wähle gegrilltes Fleisch. Die Art des Fleisches möge hierbei nicht ausschlaggebend gelten.

Senfsauce

In Anbetracht dessen, wie beliebt Senf als Beigabe zu Speisen stets sei, so möge diese Sauce gewisslich bei vielen Essern auf Freude beim Verzehr stoßen.

Benötigt werden:
1 Esslöffel Mehl
250ml Gemüsebrühe
Salz und Pfeffer nach Wunsch
1 Esslöffel Essig
1 kleingehackte Zwiebel
2 Teelöffel Senf
1 kleine Essiggurke

1 Messer
1 Pfanne
1 Kochlöffel

Schäle zuerst die Zwiebel und schneide diese klein. Lasse in einer Pfanne etwas Mehl anbräunen, verwende jedoch keinerlei Fett oder Öl dafür. Stelle so sicher, dass das Mehl sich nicht binde. Nachdem es einen leicht bräunlichen Farbton

angenommen, gebe die Zwiebelstücke hinzu und lösche nach etwa einer Minute mit Brühe ab.
Bringe diese Brühe zum Kochen. Schneide in dieser Zeit die Essiggurke klein und gebe diese, zusammen mit dem Rest der Zutaten, in den Kochtopft dazu. Lasse dem Topfinhalt etwas Zeit. Sobald es brodelt, ziehe den Topf von der Feuerstelle.

<u>Anmerkung:</u>
Es empfehle sich nun etwas Sauerrahm und frischer, geschnittener Schnittlauch zum Untermischen. Dies fördere den Geschmack und mache ihn besser. Auch bestehe die Möglichkeit mehr Senf zu nehmen um den Geschmack danach zu fördern.

<u>Vorschlag für Fleisch/Fisch:</u>
Wähle gegrilltes Fleisch. Die Art des Fleisches möge hierbei nicht ausschlaggebend gelten.

Nuss-Sauce

Obschon diese Sauce vorrangig der Walnuss huldige, so lasse sich diese wohlweislich auch durch andere Nüsse ersetzen. Auch Nussmischungen seien hier zu empfehlen. Einzig das Nussgewicht sollte gleich bleiben, so der Rest der Zutaten ebenfalls gleich bleibe.

<u>Benötigt werden:</u>
2 Zwiebel
4 Esslöffel Olivenöl
1 kleines Chilischote
ca. 30g gehackte Mandeln
125g grob gehackte Walnusskerne
1 Bund Petersilie
100g entsteinte schwarze Oliven

125 ml weißer Wein
sowie Salz und Pfeffer nach Wunsch

1 Messer
1 Kochtopf
1 Kochlöffel
1 flotte Lotte oder 1 Pürierstab sofern Strom vorhanden

Beginne damit erst die Zwiebel zu schälen und klein zu schneiden. Dünste diese in einem Kochtopf bei etwas Fett leicht an.
Würfle nun die Chilischote, schneide sie lieber etwas kleiner, sodass sich der Geschmack besser in der Sauce zu verteilen vermag. Gebe sie zu den Zwiebelstücken.
Zerkleinere auch die Nüsse, wobei es hier ausreichend sei, diese grob zu zerkleinern. Füge auch diese hinzu. Lasse nun alles an die 10 Minuten leicht vor sich hin braten, achte aber stets darauf, dass nichts anbrenne.

Nachdem die Zeit vorbei, hole den Topf von der Feuerstelle und püriere den Inhalt. Sollte dies noch nicht gehen, dann kümmere dich später darum. Wasche und schneide die Petersilie und gebe sie dazu. Stelle den Topf zurück auf die Feuerstelle.
Lösche mit dem Wein ab und gebe der Sauce etwas Zeit. Es ist auch möglich, in diesem Zeitpunkt zu pürieren. Achte darauf, dass die Konsistenz stimme. So sie cremig genug sei, fehle nur noch etwas Salz und Pfeffer. Als guten Abschluss hacke noch die Oliven klein und mische diese kurz unter.
Lasse alles noch ein letztes Mal leicht aufkochen.

Anmerkung:
Gebe diese Sauce zu Nudeln nach Wahl.

Vorschlag für Fleisch/Fisch:
Diese Sauce sei wohl eher für die puren Nudeln geeignet.

Fleisch und Fisch sei hier kaum sinnvoll passend. Doch wenn, dann wähle lieber Rind oder Leber. Schneide in kleinere Stücke und brate diese scharf an.

Bärlauchpesto

Ähnlichkeiten zur Pesto Genovese sei hier keineswegs abzustreiten. Ersetze einfach Basilikum und Knoblauch durch simplen Bärlauch. Es empfehle sich dieses vorab vorzubereiten, notfalls ließe es sich aber auch direkt vorm dem Verzehr bereiten.

Benötigt werden:
500 g Bärlauch
100 g Pinienkerne
160 g Parmesan mit 35% Fett
280 ml Olivenöl
eine kleine Prise Salz

1 Pfanne
1 höhere Schale
1 Fleischwolfoder 1 Mixer sofern Strom vorhanden

Röste zuerst die Pinienkerne leicht in einer Pfanne an. Achte jedoch darauf, keinerlei Fett in der Pfanne selber zu haben. Nehme, sofern die Möglichkeit besteht, auch weniger Feuer, röste dafür ein paar wenige Minuten länger.
Wasche den Bärlauch und schüttel ihn gut, es möge dadurch kaum Wasser daran haften bleiben.

Gebe nun Bärlauch, Pinienkerne und Parmesan gemeinsam in eine höhere Schale und mixe diese dort. So ein Mixer genutzt, achte darauf, dass er ausreichend kräftig sei, ansonsten empfehle sich eher ein Fleischwolf.

Es bestehe vorab auch die Option die Pinienkerne zuvor zu zerkleinern.

Achte darauf die Zutaten zu einer schönen Paste zu verarbeiten. Füge nun das Olivenöl langsam hinzu. Schmecke mit Salz ab.

Anmerkung:
Gebe dies Pesto zu Nudeln, doch erst kurz vor dem Servieren. Es ist durchaus möglich, dieses Pesto in kleinere Gläser zu füllen und sie während des Events zu veräußern oder zu verschenken.

Vorschlag für Fleisch/Fisch:
Wähle Cevapcici oder gebratenes Fleisch nach Wahl.

Selleriesauce

Beim Bereiten dieser Sauce sei gewiss, der Geschmack von Sellerie komme nicht in allen Fällen gut an. Doch wer ihn schätze, der werde diese Sauce lieben.

Benötigt werden:
1 kleine Sellerieknolle mit Grün
1 Kartoffel
250ml Gemüsebrühe
1 kleines Lorbeerblatt
etwas Mehl und Wasser
sowie Öl, Kümmel, Salz und Knoblauch nach Wunsch

1 Messer
1 Kochtopf
1 Kochlöffel
1 flotte Lotte oder 1 Pürierstab sofern Strom vorhanden
1 Mischbecher

Als erstes sei das Wichtigste die Sellerieknolle besonders gut zu reinigen und anschließend zu schälen. Das verhindere, dass sich Erde in die Sauce zu schleichen vermöge. Auch die Kartoffel schäle und schneide beides klein.

Bräune die Stücke in etwas Öl an und gebe Knoblauch sowie das Lorbeerblatt hinzu. Warte nicht zu lange, sondern füge gleich anschließend auch die Gemüsebrühe dazu. Lasse alles schön weich kochen. Sobald dies erreicht püriere den Inhalt des Kochtopfes bis die Cremigkeit stimmen möge.

Mische nun etwas Mehl mit Wasser in einem Mischbecher. Rühre diese Mischung unter die cremig pürierte Sauce.

Nun nehme noch das Selleriegrün und hacke es sehr fein, füge Kümmel und Salz dazu. Füge auch diese Mischung hinzu und lasse die Sauce noch einmal an die 15 Minuten schön köcheln.

<u>Anmerkung:</u>
Gebe diese Sauce zu Gemüsebratlingen nach Wahl. Bedenke, dass der Geschmack nach Sellerie wohl sehr deutlich hervorsteche, wähle entsprechend weise.

<u>Vorschlag für Fleisch/Fisch:</u>
Sofern Gemüsebratlinge nicht ausreichen, so brate stattdessen Cevapcici oder Huhn.

Hokkaido-Kürbissauce

Besonders geeignet zeige sich diese Sauce in der herbstlichen Jahreszeit. Vorzüglich eigne sich hierfür der Hokkaido-Kürbis, doch auch andere Kürbissorten seien dafür durchaus nutz- und brauchbar.

Benötigt werden:
500g Kürbisfleisch
1 Zwiebel
2 Tassen Gemüsebrühe
1 Esslöffel Mehl
1 Teelöffel Senf
sowie Knoblauch, Salz, Schnittlauch und Öl nach Wunsch

1 Messer
1 Kochtopf
1 Kochlöffel
1 flotte Lotte oder 1 Pürierstab sofern Strom vorhanden

Zuerst schneide das Kürbisfleisch aus dem Kürbis. Schäle die Zwiebel und schneide diese klein. Gebe beides in einen Kochtopf und lasse darin alles für einige Minuten andünsten. Sobald eine Gabel ganz leicht durch den Kürbis zu stechen vermöge, dann rühre um. Gebe die Brühe hinzu und koche kurz auf. Stäube das Mehl darüber und koche ein weiteres Mal auf.

Nun püriere den Inhalt des Kochtopfes, schmecke mit Senf sowie Salz ab und gebe eine kleine Spur Knoblauch dazu.

Anmerkung:
Gebe diese Sauce zu Nudeln oder Gebratenem.

Vorschlag für Fleisch/Fisch:
Wähle Schwein oder Huhn. Brate es an und reiche die Sauce als Beilage.

Fenchelsauce

Des Fenchels eigenwilliger Geschmack mache es einem nicht sonderlich einfach etwas wirklich Leckeres an Rezepten zu finden. Diese Sauce sei als etwas genannt, das lecker schmecke und vieles biete.

<u>Benötigt werden:</u>
750g Fenchel
250ml Gemüsebrühe
1 Esslöffel Butter
sowie Salz, Pfeffer, Zucker und Paprikapulver nach Wunsch

1 Messer
1 Kochtopf
1 Kochlöffel
1 flotte Lotte oder 1 Pürierstab sofern Strom vorhanden

Zuerst wasche den Fenchel gründlich. Anschließend schneide ihn klein. Lasse ihn in der Brühe an die 25 Minuten köcheln. Würze mit Salz, Pfeffer, Zucker sowie Paprika.

Nun nehme die Butter, füge diese hinzu. Püriere alles gründlich. Zuletzt hacke noch das Fenchelgrün klein und rühre es unter die pürierte Sauce.

<u>Anmerkung:</u>
Gebe diese Sauce zu Gebratenem oder Gegrilltem..

<u>Vorschlag für Fleisch/Fisch:</u>
Wähle Fisch und brate ihn im Ganzen.

Lauchsauce

Lauch verfügt, wie gewiss bekannt, über so manche gute und gesunde Eigenschaft. Er möge sich nicht nur in der Suppe und zu Hauptgerichten eignen, sondern zusätzlich auch als Sauce eine gute Figur machen.

Benötigt werden:
1 große Stange Lauch
250ml Gemüsebrühe
1 Teelöffel Senf
1 Esslöffel Mehl
1 Esslöffel Apfelessig
1 Handvoll Schnittlauch
sowie Kräutersalz und Öl nach Wunsch

1 Messer
1 Kochtopf
1 Kochlöffel

Putze als erstes gründlich den Lauf. Schneide ihn anschließend in dünne Ringe, umso dünner, umso besser.

Gebe ihn nun in einen Topf mit heißem Öl und lasse ihn dort etwas anrösten. Sobald der Farbton der weißen Stellen auf Goldgelb schwenken möge, dann sei er richtig geraten. Stäube nun das Mehl darüber. Rühre dieses unter. Lösche als nächstes mit der Brühe ab.

Schmecke anschließend noch mit Essig, Senf, Schnittlauch sowie Salz ab und lasse alles an die 15 Minuten ziehen.
Püriere zuletzt noch die den Topfinhalt.

Anmerkung:
Gebe diese Sauce zu Nudeln, Gedünstetem oder Gebratenem.

Vorschlag für Fleisch/Fisch:
Wähle Fisch oder Huhn. Brate es an und reiche die Sauce als Beilage.

Gebäck

Jubele niemals der Herrschaft schlechtes, käuflich erwerbliches Gebäck unter, das kaum nach mehr als Pappe schmecke. Wähle den besseren Weg und backe das gewünschte Brot lieber selber. Auch dies möge durchaus im Lager und Vorort geschehen.

Rezept		Epoche / Spielwelt
Trapperbrot	Vegan	Jede
Fried Bread	Vegetarisch	Jede
Fladenteig	Vegan	Jede

Trapperbrot

Dieses Brot biete der Herrschaft an, wenn es einfach sein darf. Es eigne sich zudem auch hervorragend für Dips.

Benötigt werden für die 1. Version:
1,5 Tassen Maismehl
0,5 Tasse Wasser
4 Esslöffel Öl
2 Esslöffel Ahornsirup
sowie Fett zum Herausbraten

1 Schüssel
1 Kochlöffel
1 Pfanne

Verrühre zuerst sämtliche Zutaten in einer guten Schüssel. Erhitze in einer Pfanne das Ö. Lasse den Teig klein löffelweise eintropfen. Brate diese kleinen Fladen auf beiden Seiten knusprig braun, aber lasse sie nicht anbrennen.

Sofern den Herrschaften nach Süßem nicht der Sinn stehe, dann nehme statt Ahornsirup lieber Salz.

Benötigt werden für die 2. Version:
1 Esslöffel Trockenhefe
1 Esslöffel Zucker
1 Tasse Wasser lauwarm
1 Tasse Weizenmehl
1 Teelöffel Salz

1 Schüssel
1 Kochtopf
1 Pfanne
1 Kochlöffel

Löse Trockenhefe sowie Zucker in einer Tasse lauwarmem Wasser auf. Vermische dies in einer Schüssel mit dem Weizenmehl. Knete den Teig kräftig. Lasse ihn nun an die 5 Minuten ruhen, sodass die Hefe etwas Zeit bekomme.

Füge nun an Salz und Wasser, sowie Mehl hinzu, bis die gewünschte Teigmenge entstehe. Richtig sei er, wenn er nicht mehr an den Händen klebe. Gebe ihn nun in einen Topf in die Nähe der Feuerstelle. Lasse ihn dort weitere 10 Minuten ruhen. Knete ihn noch einmal durch und gebe ihm abermals 5 Minuten an Ruhe.

In einer Pfanne erhitze zwischenzeitlich etwas Öl. Gebe den Teig bereits ausgeformt in die Pfanne und lasse ihn dort allmählich ausbacken. Es empfehle sich hierbei die Dicke eines kleinen Fingers. Sobald die Unterseite knusprig werde, sei es an der Zeit zu wenden. Gut geworden sei das Brot, wenn die Farbe annähernd goldbraun werde.

Anmerkung:
Ein guter Mittelweg bestehe darin, nicht den kompletten

Ahornsirup sofort unter zumischen, sondern lediglich die Hälfte zu nutzen. Die andere Hälfte gebe auf die Brote oben drauf.
Für die 2. Variante biete sich an Ahornsirup zusätzlich zu wählen, sofern dies gewünscht.

Vorschlag für Fleisch/Fisch:
Wähle nach Wunsch. Einerlei ob gebraten oder als Eintopf, dies Brot eignet sich für alles.

Fried Bread

Dieses Rezept, so wird gemunkelt, stamme aus Übersee, aus dem hohen Norden, in dem es nur noch Nadelwald gäbe.

Benötigt werden:
500g Mehl
1 Ei
1 Päckchen Backpulver
1 Prise Salz
sowie Wasser und Öl nach Wunsch

1 Schüssel
1 Kochlöffel
1 Pfanne
1 Esslöffel

Mische sämtliche Zutaten in einer Schüssel zusammen. Dabei sei es gleich, ob mit der Hand geknetet oder ein Kochlöffel zu Hilfe genommen werde. Sobald der Teig nicht mehr klebrig, ist er bereit für die folgenden Schritte, dennoch gewähre ihm an die 15 Minuten Ruhe.

Erwärme in der Zwischenzeit in einer Pfanne Öl, doch wähle Sonnenblumen- oder Maiskeimöl, da sonst der Geschmack zu

sehr dem Öle gleichen möge. Nehme genügend davon, das
Brot müsse auf dem Öle schwimmen können.

Steche nun kleine Brocken des Teiges ab, nutze dafür einen
Esslöffel. Forme aus diesem kleinen Teigstück einen Fladen
(am besten in der Hand) und drücke ihn kurz auf eine, mit
Mehl bestäubte, Fläche.
Nun möge Füllung hinein kommen, so der Wunsch danach
bestünde. Doch sei vorsichtig mit der Füllmenge, lieber etwas
zu wenig denn zu viel. Gebe diese Fladen (mit oder ohne
Fülle) in das heiße Fett. Brate sie darin, bis sich auf beiden
Seiten eine schöne, goldgelbe Farbe zeigen möge. Lasse sie
auf einem Sieb oder Küchenpapier abtropfen.

Serviere die Fladen auf jeden Falle warm. Nutze sie als
Hauptgericht oder Beilage.

<u>Anmerkung:</u>
Sehr zu empfehlen sei ein schöner Salat zu diesem Gericht.

<u>Vorschlag für Fleisch/Fisch:</u>
Wähle etwas, das als Füllung in Frage käme - also
Speckwürfel oder kleingeschnittenes, angebratenes Fleisch.

Fladenteig

Dieser Teig eigne sich für zwei Dinge besonders gut - als
Pizza ebenso wie als Teig am Stock über dem offenen Feuer.
Es käme hierbei lediglich darauf an, was gewünscht werde.
Wichtig sei hier nur eines anzumerken - am besten schmecke
der Teig stets, wenn dieser selbst bereitet.

<u>Benötigt werden:</u>
400g Mehl
1/2 Würfel frische Hefe
200ml Wasser – am besten lauwarm

1 Teelöffel Salz
4 Esslöffel Olivenöl
ein klein wenig Zucker

1 Schüssel
1 Tuch
1 Nudelbrett

Dieser Teig, beachte dies, sei am besten in geschlossenen Räumen zu bereiten. Der Grund liegt in der Empfindsamkeit der Hefe. Solle sie ihr Werk gut tun, dann schließe offene Räume.

Gib das Mehl auf ein Nudelbrett oder eine ähnlich gerade Fläche. In des Mehles Mitte mache eine freie Fläche und gebe darin Hefe sowie Zucker, Salz, etwas Wasser und das Olivenöl. Knete es zu einem Teige, bis dieser nicht mehr klebt. Füge immer wieder etwas Wasser hinzu. Arbeite dieses so lange ein, bis der Teig schön glatt sei.
Gebe ihn in eine Schüssel und stelle ihn nach oben - so dass er schön zu gären vermag. Oben ist Wärme und diese schätzt der Teig. Gewähre ihm annähernd eine Stunde. Gelungen ist der Teig, wenn das Volumen sich in etwa verdoppele.

Sofern diese versage, wähle die gleichen Zutaten, aber brösele zuerst die Hefe in Wasser und löse sie dort. Gebe etwas Zucker hinzu, dies wirke als Helfer für die Hefe. Auch hierbei knete den Teig bis er schön glatt sei und gebe ihn nach oben.

<u>Anmerkung:</u>
Ob als Teig für Belag oder auf einem Holzstock sei einerlei. Brauchbar möge dieser Teig für vieles gelten.

<u>*Vorschlag für Fleisch/Fisch:*</u>
Füge Wurst oder Schinken nach Wahl und geschnitten als Belag auf einen Fladen.

Aufstriche

Diese mögen zum Gebäck gleichermaßen gereicht werden als auch zum Hauptgericht. Besonders eignen sich Aufstriche als Dip oder zum Aufstreichen auf Gebäck.

Rezept		Epoche / Spielwelt
Moretum	Vegetarisch	Fantasy, Historisch
Eieraufstrich	Vegetarisch	Jede
Kartoffelaufstrich mit Senf	Vegan	Jede

Moretum

Dies Rezept, so wird erzählt, wurde bereits Cäsars Kriegern gereicht. Diese einfache Käsecreme schmeckt raffiniert und jeder Käseliebhaber möge erfreut sein, sie auf dem Teller vorzufinden. Benannt, so sagt man, sei dies Gericht nach der Moretium - der Reibeschale, in der sie zubereitet wurde.

Benötigt werden:
250g Feta Schafskäse
2 Zehen Knoblauch
2 Esslöffel Kräuter (Mischung aus Minze, Petersilie, Koriander oder was euch so an Kräutern zusagt)
1 Esslöffel Essig
1 Esslöffel Olivenöl

1 Schale

Schäle als erstes den Knoblauch und drücke diesen durch die Presse. Zerdrücke den Schafskäse und mische den Knoblauch dazu. Füge nun 2 Esslöffel einer Kräutermischung nach Wunsch hinzu. Achte auf frische, kleingeschnittene Kräuter.

Nun füge noch Essig und Olivenöl hinzu. Forme daraus kleine Kugeln und serviere diese auf einem ansprechenden Teller.

Anmerkung:
Biete geröstetes Knoblauchbrot oder anderes Gebäck als Beilage. Aber auch geschnittenes, sauber gewaschenes Gemüse füge sich gut dazu.

Vorschlag für Fleisch/Fisch:
Wähle gebratenes Lamm und biete dieses Gericht als Beilage dazu.

Eieraufstrich

Benötigt werden:
10 hartgekochte Eier
1 Essiggurke
1 kleine Zwiebel
1/2 Tube Mayonnaise
1 kleine Handvoll Schnittlauch
sowie Kräutersalz nach Bedarf

1 Schale
1 Messer

Schäle die Eier und zerdrücke sie. Schneide die Zwiebel und die Essiggurke klein. Vermische alles in einer Schale. Füge nun noch Mayonnaise, Kräutersalz sowie Schnittlauch hinzu.

Anmerkung:
Biete frisches Schwarzbrot oder kleine, getoastete Brotstücke dazu an. Auch Knabbereien wie Soletti bereichern hierbei ungemein.

Vorschlag für Fleisch/Fisch:
Eiaufstrich schmeckt pur mit Brot am Besten.

Kartoffelaufstrich mit Senf

Benötigt werden:
1 kleine Stange Lauch
1 kleine Zwiebel
1 große gekochte Kartoffel
2 Teelöffel Senf nach Wahl
sowie Dille nach Wunsch

1 Messer
1 Pfanne
1 Schüssel

Schäle die Zwiebel und säubere den Lauch. Nun hacke beides fein. Lasse es mit ein klein wenig Fett andünsten. Nun schäle die Kartoffel und drücke diese klein. Lasse diese leicht kross anbraten.
Nehme nun die Pfanne vom Herd und gebe alles in eine Schüssel. Füge etwas Wasser sowie den Rest der Zutaten hinzu und verrühre alles. Es sollte anschließend eine schöne, sämige Masse sein.

Anmerkung:
Biete frisches Gebäck dazu an.

Vorschlag für Fleisch/Fisch:
Hier empfiehlt sich nur Brot hinzuzuziehen.

Salate

Um selbst demjenigen, der der Meinung sei, ausnahmslos Fleisch wäre das Wahre, und für die Zeiten der Fastentage, etwas Schmackhaftes zu bieten, greife auf Salate zurück. Deren Auswahl möge nach Jahreszeit wohlweislich variieren, doch wo bliebe mehr Optionen Gemüse unterzubringen auf schmackhafte Art und Weise?
Jedoch erlerne die Kunst schmackhafter Marinaden, denn meist ist ohne dieses ein edler Salat kaum mehr als Pferdefutter zu bezeichnen.

Rezept		Epoche / Spielwelt
Vegetarischer Wurstsalat	Vegetarisch	Jede
Kartoffelsalat	Vegan	Jede
Tomatensalat	Vegan	Jede
Griechischer Salat	Vegetarisch	Fantasy, Mythologisch

Warmer Erbsensalat	Vegan	Fantasy, Modern
Warmer Salatteller	Vegetarisch	Fantasy, Modern
Sauerkrautsalat	Vegan	Jede
Tsatsiki	Vegetarisch	Fantasy, Modern

vegetarischer Wurstsalat

Dieser Salat sei als eines der einfachen Gerichte genannt, sofern die Marinade passen möge. Für Fleischliebhaber sei er zu empfehlen. Besonders an warmen Tagen, da der Wurstsalat kalt zum Verzehr angedacht sei.

Benötigt werden:
500g vegetarische Extrawurst
500g Emmentaler
1 mittelgroße Zwiebel
3 - 6 Essiggurken
Material fürs Dressing nach Wahl

1 Messer
1 Schüssel

Nehme die Extrawurst und schneide sie in dünne Streifen. Verfahre auch mit dem Käse so.
Nun schäle und schneide die Zwiebel in kleine Würfel. Auch die Essiggurken schneide in Würfel.
Gebe alles zusammen in eine Schüssel. Mische das Dressing nach Wunsch und gebe dieses zum Schüsselinhalt dazu.

Anmerkung:
Biete dazu frisches Schwarzbrot an, am besten solches mit besonders krossem Rand. Als Essig fürs Dressing biete sich besonders Hesperiden- oder Knoblauchessig an.

Vorschlag für Fleisch/Fisch:
Hierbei sei als Alternative Käsewurst genannt. Davon die doppelte Menge und spare den Käse ein. Oder ersetze die vegetarische Extrawurst durch "normale".

Kartoffelsalat

Benötigt werden:
1kg gekochte Kartoffel
1 - 2 mittelgroße rote Zwiebel
3 - 6 Essiggurken
Material für Dressing - Öl, Essig, Zucker, Salz nach Wunsch

1 Messer
1 Schüssel

Schäle zuerst die Kartoffel und dann schneide diese in dünne Scheiben. Schäle die Zwiebel und schneide sie in dünne Würfel. Gleiches mache auch mit den Essiggurken.
Gebe alles zusammen in eine Schüssel. Mische das Dressing nach Wunsch und gebe dieses zum Schüsselinhalt dazu.

Anmerkung:
Biete dazu frisches Schwarzbrot an, am besten solches mit besonders krossem Rand. Als Essig fürs Dressing biete sich besonders Hesperiden- oder Knoblauchessig an.

Vorschlag für Fleisch/Fisch:
Mische Speckwürfel oder gebratenen Speck dazu.

Tomatensalat

Benötigt werden:
1 kg frische Tomaten
1 große Zwiebel
Material für Dressing - Öl, Essig, Zucker, Salz nach Wunsch

1 Messer
1 Schüssel

Wasche als erstes die Tomaten. Schneide sie in dünne Ringe, oder sofern es sich um Coctailtomaten handle, in der Mitte durch.
Schäle nun die Zwiebel und schneide diese klein.
Gebe alles zusammen in eine Schüssel. Mische das Dressing nach Wunsch und gebe dieses zum Schüsselinhalt dazu.

<u>Anmerkung:</u>
Biete dazu frisches Schwarzbrot an, am besten solches mit besonders krossem Rand. Als Essig fürs Dressing biete sich besonders Hesperiden- oder Knoblauchessig an.

<u>Vorschlag für Fleisch/Fisch:</u>
Mische Speckwürfel, geschnittene Salami oder andere deftige Wurstsorten dazu.

Griechischer Salat

Man sagt, dass bereits am griechischen Olymp die Götter diesen Salat verspeisten.

Benötigt werden:
1 großer Eisbergsalat
1 Handvoll Oliven

500g Tomaten
250g Feta 45%
Material für Dressing - Öl, Essig, Zucker, Salz nach Wunsch

1 Messer
Teller

Wasche als erstes die Zutaten für den Salat. Schneide den Salat grob und gebe ihn in die Teller. Schneide nun die Tomaten in Scheiben und halbiere sie dann noch einmal. Gebe sie auf den Salat. Nun halbiere die Oliven, würfle den Feta und gebe beides auf die Tomaten.

Mische das Dressing nach Wunsch und gebe dieses zum Schüsselinhalt dazu.

Anmerkung:
Biete dazu frisches Schwarzbrot an, am besten solches mit besonders krossem Rand oder weißes, weiches Fladenbrot.
Biete eine kleine Schale guten Kürbiskernöls dazu.
Für das Dressing biete sich besonders Olivenöl und Knoblauchessig an.

Vorschlag für Fleisch/Fisch:
Wähle gebratene Lammfleischstreifen garniere den Salat damit.

Warmer Erbsensalat

Dieser Salat schmecke kalt nicht so gut wie warm. Behandle ihn daher entsprechend und bereite ihn warm zu, serviere ihn ebenso.

Benötigt werden:
4 mittelgroße Zwiebel

**50g Margarine
1 Kopfsalat
400g Erbsen aus der Dose
sowie Kerbel, Zucker, Salz und Pfeffer nach Wunsch**

**1 Messer
1 Kochtopf
1 Pfanne
1 Schüssel**

Schäle als erstes die Zwiebel und viertele diese. Lasse sie in einer Pfanne mit etwas Margarine anrösten.
Wasche währenddessen den Kopfsalat, lasse ihn kurz abtropfen und schneide ihn anschließend in feine Streifen.
Gebe Salatstreifen, Erbsen und Kerbel in einen Kochtopf und dort mit etwas Margarine andünsten. Füge nun die Zwiebel hinzu und durchmische alles gut. Gebe den Topfinhalt in eine Schüssel.
Die restliche Margarine lasse nun in der Pfanne zergehen, mische nun den Erbsensud (das Dosenwasser), sowie etwas Zucker dazu. Schmecke mit Kerbel, Salz und Pfeffer ab. Diese Marinade mische nun unter den Salat.

<u>Anmerkung:</u>
Biete dazu frisches Knoblauchbrot sowie Sauerrahm an. Als Beilage zu jeglicher Art Gegrilltem eigne sich dieser Salat hervorragend.

<u>Vorschlag für Fleisch/Fisch:</u>
Wähle gebratenen oder gegrillten Fisch oder Speckwürfel.

Warmer Salatteller

Dieser Salat eigne sich zu jeglicher Art von Resteverwertung. Ob nun die hier aufgeführte Liste gewählt oder das, was soeben zur Hand ist, es schmecke wohl - egal ob so oder so.

Benötigt werden:
1 kleine Zwiebel
1 kleine Handvoll Salatblätter
2 Tomaten
1 Spitzpaprika
1 Packung Feta 45%
1 Handvoll weiße Bohnen
1 kleine Handvoll in Scheiben geschnittener Lauch
2 Eier
sowie Oregano, Petersilie und Kräutersalz nach Wahl

1 Messer
1 Kochtopf

Schneide als erstes die geschälte Zwiebel klein und brate diese in etwas Olivenöl in einem Kochtopf an. Füge nun Bohnen sowie Lauch hinzu und brate sie kurz mit. Schneide zwischenzeitlich die Tomaten, die Salatblätter sowie den Spitzpaprika und gebe auch diese zu den anderen Zutaten. Lasse alles kurz braten.
Würze nun mit Oregano, Petersilie und Kräutersalz.

Verrühre alles und füge noch die Bohnen, den Lauch sowie die rohen Eier hinzu und lasse sie noch einmal kurz in der Pfanne braten. Dies jedoch nicht länger als an die 5 Minuten. Gebe den Salat nun in die Teller. Zerbröckle noch den Feta und gebe diesen auf den Salat, als Abschluss nehmt noch etwas Olivenöl und beträufelt den Salat damit.

Anmerkung:
Biete dazu frisches Schwarzbrot oder Fladenbrot an. Der Vorteil diesen Salates biete sich darin, einfach so gut wie jedes Gemüse nutzen zu können.

Vorschlag für Fleisch/Fisch:
Wähle gebratenen oder gegrillten Fisch oder Speckwürfel.

Sauerkrautsalat

Benötigt werden:
250g Sauerkraut
1 Apfel
1 Zwiebel
sowie Kümmel, Zitronensaft, Öl, Knoblauch nach Geschmack

1 Messer
1 Kochtopf
1 Raspel
1 Schüssel
1 Mischbecher

Drücke als erstes das Sauerkraut aus. Zerzupfe es und schneide es klein. Schäle die Zwiebel, schneide sie in kleine Würfel, den Apfel rasple fein.

Mische alles in einer Schüssel zusammen.
Nun gebe Kümmel, Zitronensaft, Öl sowie Knoblauch in den Mischbecher und vermenge alles gut miteinander, doch sei vorsichtig mit dem Knoblauch. Gebe dies Dressing nun auf das Sauerkraut.

Anmerkung:
Biete dazu frisches Schwarzbrot. Zudem eigne sich der Salat gut als Beilage für jegliche Form von Gegrillten Speisen.

Vorschlag für Fleisch/Fisch:
Wähle Speckwürfel oder gebratenes Schwein.

Tsatsiki

Diese Speise möge auch separiert als Vor- oder Nachspeise dienlich sein können. Jedoch als Beilage sei sie entsprechend wohlschmeckend. Achte jedoch darauf, welche Menge an Knoblauch erwünscht sei, zu viel des Guten möge nicht mehr schmecken, zu wenig Knoblauch und es schmecke ebenfalls nicht mehr.

<u>Benötigt werden:</u>
750g Naturjoghurt mit 3,5%
2 Salatgurken
sowie Olivenöl, Knoblauch, Salz und Pfeffer nach Geschmack

1 Messer
1 Raspel
1 Becher
1 Schale

Wasche als erstes gründlich die Gurken. Ob schälen oder nicht - es sei beides als Möglichkeit nutzbar, denn bedenke, in der Schale stecken so einige vorzügliche Nährstoffe und Mineralien.

Rasple die Gurken zu schmalen Stiften. Wringe diese Stifte aus, gebe das daraus fließende Gurkenwasser in ein Glas oder einen Becher und stelle diesen beiseite. Rühre den Joghurt gut durch, gebe etwas Olivenöl dazu und mische ihn unter die ausgewrungenen Gurkenstifte.

Würze nun mit Knoblauch, Salz und Pfeffer, sei dabei jedoch sparsam.

Anmerkung:
Biete als Beilage Fladenbrot und das Gurkenwasser als Getränk. Mische ins Gurkenwasser noch etwas Orangensaft oder Knoblauch, besonders in heißen Sommertagen sei dies als Getränk nicht zu verachten. Reiche auch etwas Schnittlauch auf Wunsch dazu.

Vorschlag für Fleisch/Fisch:
Wähle Lammfleisch oder jegliches Fleisch vom Grill.

Andere Beilagen

Mit ausreichenden Kenntnissen lassen sich noch andere Beilagen gestalten.

Rezept		Epoche / Spielwelt
Kroketten	Vegetarisch	Fantasy, Modern
Semmelknödel	Vegetarisch	Jede
Knödelteig Waldviertler Art	Vegan	Jede

Kroketten

Benötigt werden:
750g gekochte, mehlige Kartoffel
3 Eidotter
3 Esslöffel Butter
sowie Mehl, Salz und Öl nach Wunsch/Bedarf

1 Kochtopf
1 Kartoffelpresse
1 Nudelbrett

Schäle zuerst die Kartoffel und drücke diese anschließend durch die Kartoffelpresse. Drücke eine kleine Mulde in den Haufen Kartoffel. Erwärme die Butter im Kochtopf und gebe diese, sowie die Eidotter, das Mehl und das Salz in diese Mulde. Knete aus diesen Zutaten einen schönen Teig. Achte darauf, dass er weder zu locker noch zu fest sei, flaumig hingegen ist erwünscht. Füge Mehl oder weitere Eidotter hinzu, bis der Teig die gewünschte Konsistenz erreichen möge. Forme nun eine Rolle daraus und schneide davon kleine, aber gleich große Stücke ab. Zwischen den Händen forme sie nun zur gewünschten Form.

Bringe im Kochtopf nun die Menge an Öl zum Kochen, dass darin die Kroketten leicht schwimmen mögen. Lasse sie so lange im Fett, bis sie schön knusprig geworden. Hebe sie aus dem kochenden Fett mit dem entsprechenden Werkzeug und lasse sie beiseite abtropfen.

<u>Anmerkung:</u>
Soll diese Beilage als Hauptgericht dienen, dann wähle Preiselbeeren sowie Knoblauchsauce als entsprechende Beilage aus. Besonders gut passen sie auch zu Champignonsauce und einer Gemüsepfanne.

<u>Vorschlag für Fleisch/Fisch:</u>
Wähle Hirsch oder Wildschwein.

Semmelknödel

<u>Benötigt werden:</u>
200g Semmelwürfel
150ml Vollmilch mit 3,5% Fett
2 Eier
sowie Salz und Pfeffer nach Wunsch

1 Schüssel
1 Kochtopf

Beginne damit Semmelwürfel und Milch zu vermischen. Lasse sie nun etwas stehen, bis die Würfel die Milch aufgesogen haben.
Trenne nun die Eier. Gebe die Dotter zu den Würfel, würze mit Salz sowie Pfeffer und mische alles gut durch. Die Mischung benötigt einige Minuten Zeit zum Ruhen.
Schlage zwischenzeitlich das Eiklar steif. Mische es unter die

Knödelmasse. Ermögliche auf diese Art und Weise eine verbesserte Flaumigkeit der fertigen Knödel.

Forme aus dieser Masse kleine Knödel und gebe diese in kochendes Salzwasser. Bevorzuge sie etwas kleiner, wodurch sich die Kochzeit denn auch etwas minimieren möge. Achte darauf, ob sie oben schwimmen, wenn ja, dann nehme sie aus dem Salzwasser.

Anmerkung:
Soll diese Beilage als Hauptgericht dienen, dann wähle Champignonsauce zum Tunken. Mische auch etwas klein gehackte Petersilie in den Knödelteig. Eine weitere Möglichkeit bestünde darin die Knödel zu schneiden und mit Eiern gemeinsam zu braten.

Vorschlag für Fleisch/Fisch:
Füge Speckwürfel zum Teig. Wähle Wildgerichte oder Geselchtes.

Knödelteig Waldviertler Art

Diese Knödel lassen sich hervorragend füllen oder auch ohne Fülle sehr fein und gut im Geschmack bereiten. Achte dabei, was der Herrschaft munde und was nicht.
Ungefüllt lassen sich aus dem Teig an die 6 Knödel bereiten.

Benötigt werden:
600g mehlige, rohe Kartoffel
300g gekochte Kartoffel
20g Grieß
sowie Wasser und Salz nach Wunsch/Bedarf

1 Schüssel
1 Reibe

1 Leintuch
1 Kartoffelpresse

Schäle als erstes die rohen Kartoffel und reibe diese in Wasser. Gebe diese nun in ein Leintuch und wringe die Flüssigkeit aus den Kartoffeln. Presse sie wirklich sehr gut aus. Sollte sich nicht alles in einem Leintuch ausgehen oder die Menge fürs Auspressen zu viel sein, dann achte darauf kleinere Mengen zu nutzen.
Nehme nun die gekochten Kartoffel. Schäle und passiere drücke diese durch eine Kartoffelpresse.

Am Boden sollte sich nun etwas Stärke abgesetzt haben. Mische diese, zusammen mit Gries und Salz, zu den rohen und gekochten Kartoffeln. Knete daraus einen gut formbaren Teig. Natürlich ist es auch möglich käuflich erwerbliche Kartoffelstärke zusätzlich oder gänzlich stattdessen zu nutzen. Aus diesem, nun formbaren Teig, lassen sich ganz einfach Knödel formen. Bei Bedarf, gebe noch etwas an Stärke hinzu.

Tauche vor dem Knödelmachen die Hände kurz in kaltes Wasser. Verhindere dadurch, dass der Teig an den Händen kleben bleibe. Gebe anschließend die geformten Knödel in kochendes Salzwasser und warte bis sie obenauf schwimmen.

Natürlich lassen sich diese Knödel auch füllen. Dazu forme einen Fladen aus einzelnen Teigbrocken, gebe in die Mitte die gewünschte Fülle und drücke nun den Teig zusammen. Achte jedoch darauf, dass die Teighülle gut geschlossen sei.

<u>Anmerkung:</u>
Diese Knödel schmecken so gut wie überall dazu. Biete frischen, grünen Salat an, eventuell mit Gurken und Tomaten darin, so werde aus einer einfachen Beilage die Hauptspeise. Achte stets auf die Sauce, die dazu serviert werde.

<u>Vorschlag für Fleisch/Fisch:</u>
Ob Ragout, Wild oder zu Gegrilltem, Knödel dieser Art passen zu praktisch jeder Fleischsorte.

Hauptgerichte

Darum dreht sich bei der Herrschaft vieles. Doch auch dem Gesinde ist die Wahl nicht unwichtig. Genau betrachtet stellt der Hauptgang etwas ausgesprochen Wichtiges im Leben eines Menschen dar.

Ein guter Hauptgang sollte zur Not auch alleine bestehen, ist er begleitet von mehreren Gängen und vielleicht auch von Beilagen, so möge bedacht werden, dass die Portion des Hauptgerichts auch etwas kleiner ausfallen darf.

Rezept		Epoche / Spielwelt
Brennnesselbratlinge für Burger	Vegetarisch	Jede
Brennnessel gebraten	Vegan	Fantasy
Eiernockerl	Vegetarisch	Jede
Panierter Sellerie	Vegan	Jede

Äpfel vom Lagerfeuer	Vegan	Jede
Karotten mit Orangensaft	Vegan	Jede
Tofu auf Spinat mit Sauce	Vegan	Sci-Fi/ Fantasy
Falsche Fische	Vegan	Jede
Falsche Fleischleibchen	Vegan	Jede
Weiße Bohnen Kotelett	Vegetarisch	Jede
Zwergenbraten	Vegetarisch	Fantasy
Karottenvariation	Vegan	Jede
Spinatknödel	Vegan	Jede
Falscher Spargel	Vegetarisch	Jede
Süß-saure Karotten	Vegan	Jede
Kartoffelschmarrn	Vegan	Jede
Waldnockerl	Vegetarisch	Jede
Gemüsige Filetstreifen	Vegetarisch	Jede
Gemüsestrudel	Vegetarisch	Jede
Kartoffel/Karottenpuffer	Vegetarisch	Jede
Geröstete Knödel	Vegetarisch	Jede
Spinat mit Kartoffel und Ei	Vegetarisch	Jede
Rahmfisolen mit Kartoffel	Vegetarisch	Jede
Kürbispuffer	Vegetarisch	Jede
Pizza ohne Telgboden	Vegetarisch	Jede
Arme Ritter	Vegetarisch	Jede
Versoffene Jungfrau	Vegetarisch	Jede
Nagerlsterz	Vegetarisch	Jede
Fleischloser faschierter Braten	Vegan	Jede
Sauerkrautnudeln	Vegetarisch	Jede

Brennnesselbratlinge für Burger

Vorzüglich eignen sich diese Bratlinge auch anstelle von Fleischleibchen in Burger. Als einfaches Gericht, leicht zu bereiten, biete es sich durchaus günstig in den Kosten, sowie der einfachen Zubereitung durchaus an.

Benötigt werden:
400g Brennnesselblätter
4 Semmeln – oder gleich viele Semmelwürfel
1 große Zwiebel
1 großes oder 2 kleine Eier
sowie Fett, Milch, Mehl, Salz, Pfeffer und Muskat nach Wunsch

1 Sieb
1 Messer
1 Kochtopf
1 Schüssel

Wasche zuerst die Brennnesselblätter und überbrühe diese mit heißem Wasser. Lasse sie in einem Sieb abtropfen. Schäle und schneide die Zwiebel klein. Gebe diese nun in einen Kochtopf in heißes Fett.

Nun schneide die Semmel in Würfel und übergieße diese mit ausreichend Milch. Doch lasse sie nicht zu lange einweichen. Drücke sie recht bald wieder aus.
Nehme nun die Brennnesselblätter und hacke sie fein. Gebe alle Zutaten in eine Schüssel zusammen und verknete diese zu einer guten Masse. Achte jedoch darauf, dass sie nicht mehr an den Händen kleben. Würze dezent.

Forme nun aus der Masse kleine Leibchen. Diese sollten groß genug sein, dass sie in Burgerbrötchen Platz finden mögen. Wende sie in Mehl und backe sie nun in einer Pfanne heraus.

Anmerkung:
Wähle Kren und Salzkartoffel als Beilage, so die Leibchen als einfache Bratlinge am Teller landen. Sollen diese in "Burger" angeboten werden, dann wähle passendes Gebäck, frische Semmeln tun es genauso. Achte in diesem Falle darauf, gute Tomaten und eine passende Sauce zu nutzen. Es bieten sich hierfür Salatblätter, Gurkenscheiben, Tomatenscheiben und Schmelzkäse als Kombination an.

Vorschlag für Fleisch/Fisch:
Nehme Speckwürfel und brate sie zusammen mit klein geschnittenen Zwiebelstücken an.

Brennnessel gebraten

Besonders gut eignet sich dieses Gericht für die ersten Monate im Jahr, wenn die Brennnessel gerade frisch zu sprießen beginnen. Je frischer und jünger die Blätter sind, umso besser ist der Geschmack des Gerichtes.

Benötigt werden:
1 großer Eimer frische Brennnesselblätter
2 Zehen Knoblauch
4 Esslöffel Öl
250ml Brühe
sowie Salz, Pfeffer und Pfefferoni nach Wunsch

1 Eimer
1 Messer
1 Kochtopf

Wasche als erstes die Brennnesselblätter und lasse sie anschließend abtropfen.
Hacke in der Zwischenzeit den Knoblauch fein und brate ihn in

Öl an. Nun hacke die Brennnessel grob, fein müssen sie nicht geschnitten sein. Gib die Blätter in den Topf und warte, bis diese zusammenfallen. Anschließend füge die Brühe hinzu.

Lasse nun die Brennnessel andünsten, gebe aber dafür einen Deckel auf die Pfanne und warte an die 10 Minuten. Nimm den Deckel ab und lasse ihnen noch an die 10 Minuten Zeit auf kleiner Flamme, wobei hier nun gut die Flüssigkeit verdampfen kann.

Leicht angebräunte Blätter mögen in Ordnung sein, doch achte darauf, dass die braune Farbe nicht zu stark werde. Füge nun Salz, Pfeffer und eine klein geschnittene Pfefferoni hinzu.

<u>Anmerkung:</u>
Biete als Beigabe Kren oder Sauerrahm nach Wunsch und frisches Brot an.

<u>Vorschlag für Fleisch/Fisch:</u>
Gebe Speckwürfel gleich zu Beginn zu den Brennnesseln dazu und lasse sie mit kochen.

Eiernockerl

<u>Benötigt werden:</u>
2 Tassen Mehl
Wasser nach Bedarf
6 Eier
1 grüner Salatkopf
sowie Kräutersalz nach Wunsch

1 Schüssel
2 Teelöffel
1 Kochtopf
1 Pfanne

Mische als erstes Mehl und Wasser. Achte darauf, dass die Mischung fest, jedoch nicht zu fest sei. Es ist jederzeit möglich Wasser oder Mehl zusätzlich einzurühren.

Bringe Salzwasser zum Kochen. Mit einem Teelöffel nehme etwas von der Mehlmasse heraus und decke mit dem zweiten Teelöffel die Masse ab. Berühren sich beide Löffel, so mögen die Nockerl zwar klein erscheinen, aber die Größe ist völlig ausreichend. Natürlich können statt der Teelöffel auch Esslöffel verwendet werden.
Gebe einen so geformten Teigpatzen in das Wasser. Zerfließt er nicht, dann sei das Mischverhältnis passend. Sobald es obenauf schwimme, sei es soweit zum Verspeisen.

Verarbeite auf diese Weise die gesamte Mehl/Wassermischung. Die schwimmenden Nockerlnehme aus dem Kochtopf und lege sie beiseite.
Stelle in der Zwischenzeit eine Pfanne auf die Flamme und lasse darin ausreichend Fett zergehen. Gebe die Eier in das heiße Fett und brate diese dort an. Lasse sie aber nicht zu lange darin, sondern schlage direkt in die Pfanne die Eier hinein. Mische alles mit einem Kochlöffel ordentlich durch. Sobald die Eier gestockt sind, nehme die Pfanne von der Flamme.

Schneide den gewaschenen grünen Salat grob und lege diesen auf die Teller. Die Eiernockerl gebe darauf.

Anmerkung:
Als Beilage dafür biete sich einfacher Tomatensalat an. Auch Himbeeren oder Brombeeren schmecken gut dazu.

Vorschlag für Fleisch/Fisch:
Wähle Specksauce dazu. Brate dafür Speckwürfel mit Zwiebel an.

Panierter Sellerie

Sellerie als solcher ist mit Vorsicht zu genießen, da er einen starken Eigengeschmack besitzt. Wisse daher, wie damit am besten umzugehen sei.

Benötigt werden:
1 Knolle Sellerie
500ml Gemüsebrühe
sowie Mehl nach Bedarf

1 Messer
1 Kochtopf
1 Pfanne

Wasche und schäle den Sellerie ordentlich. Schneide ihn in dickere Scheiben. Koche ihn in der Gemüsebrühe, bis er gut durch sei. Rechne mit annähernd 10 Minuten.

So gekocht wende ihn in ausreichend Mehl. Gebe ihn anschließend in eine Pfanne mit Öl und brate diesen dort wie ein Schnitzel heraus.

Anmerkung:
Auch mit Wenden in Ei und Semmelbrösel bringe vorzügliche Ergebnisse. Behandle nach dem Kochen in der Brühe den Sellerie einfach wie Schnitzelfleisch. Entsprechend wähle auch die Beilagen. Ob dies nun Pommes oder Salat sei, dazu schmecke beinahe alles gut.

Vorschlag für Fleisch/Fisch:
Schneide die Selleriescheiben in der Mitte ein, sodass Schinken und Käse eingefüllt werden können. Aber schneide sie nicht durch! Paniere anschließend wie gehabt.

Äpfel vom Lagerfeuer

Besonders vorzüglich erweise sich dies Gericht beim offenen Lagerfeuer. Es fördere nicht nur die Geselligkeit. Doch sei vorsichtig, dies Gericht verfüge über viele Kalorien.

Benötigt werden:
6 mürbe Äpfel
1 Tasse Haferflocken
1 Tasse Zucker
1/2 Tasse Margarine
1/3 Tasse Mehl
Fett nach Bedarf

1 kleiner Topf mit Deckel (wenn möglich aus Gusseisen)
1 Messer
1 Schüssel

Fette zuerst den Topf gut aus. Dies verhindere zu starkes Ankleben des Kochgutes.
Schäle und entkerne die Äpfel, schneide sie anschließend in Scheiben. Schichte si e in den Topf.
Nun mische die restliche Zutaten in einer Schüssel gut durch und gebe sie auf die Apfelscheiben.

Setze den Topf mit Deckel entweder direkt in die Flammen des Lagerfeuers oder direkt daneben in die Hitze.
Entsprechend achte auch auf das Material des Topfes.
Verzichte auf etwas, das brennen könnte. Je schöner die Flammen und besser die Hitze umso eher ist dies Gericht fertig bereitet.
Besonders optimal wäre, noch brennendes Holz oder Briketts auf den Topf zu legen, sodass die Wärme von allen Seiten käme.
Sieh nach annähernd 30 Minuten nach, ob der Topfinhalt

bereits durch sei. Achte auf den Geruch, dies zeigt meist bereits an, ob die Äpfel schon durch sind oder nicht.
Sei vorsichtig beim Wegnehmen von den Flammen, der Topf könnte sonst leicht Verbrennungen an den Händen verursachen.

Anmerkung:
Dies Rezept ermögliche auch ein guter Backofen. Dafür reiche jedoch eine gut ausgefettete Backform völlig. Nutze in diesem Fall an die 180 Grad.

Vorschlag für Fleisch/Fisch:
Dies Gericht eigne sich nur bedingt für Fleisch/Fisch. So es denn wirklich nötig, dann wähle Speck oder Schinken.

Karotten mit Orangensaft

Benötigt werden:
1 kg Karotten
4 Esslöffel Margarine
250ml Orangensaft
2 Teelöffel Zucker
sowie Kräutersalz und Estragon nach Wunsch

1 Messer
1 Kochtopf
1 Kochlöffel

Als erstes schäle die Karotten. Schneide diese anschließend in möglichst dünne Scheiben.
Zerlasse die Margarine in einem großen Topf. Sobald diese flüssig sei, füge den Zucker hinzu und erhitze ihn mit.
Gebe nun die Karottenscheiben hinzu und lasse alles bei geschlossenem Deckel an die 20 Minuten garen. Rühre ab und zu um, doch nicht zu oft.

Warte nun an die 20 Minuten. Streue anschließend etwas Estragon auf die Karotten. Wenn möglich, achte darauf, dass es frischer sei, doch auch getrockneter Estragon sei als Möglichkeit brauchbar. Nach annähernd 20 Minuten gebe noch etwas Orangensaft dazu, doch achte darauf, dass es nicht zu viel sei. Lasse die Karotten nun ohne Deckel an die 5 Minuten leicht köcheln.

Danach nehme den Topf von der Flamme und schmecke mit etwas Kräutersalz ab.

Anmerkung:
Gebe gekochte Erbsen und Reis als Beilage.

Vorschlag für Fleisch/Fisch:
Wähle Schweinefleisch und brate es vorab an.

Tofu auf Spinat mit Sauce

Der pikante Unterton dieses Gerichts, erwünscht oder nicht, lasse sich vor allem durch die jeweils gewählte Linsensuppenvariante hervorragend beeinflussen. Ob die Linsensuppe nun frisch zubereitet werde oder aus Resten bestehe, das mache keinerlei Unterschied.

Benötigt werden:
frischer Tofu
1 Handvoll frischer Spinat
1/2 Stange Lauch
2 Tomaten
Linsensuppe
sowie Öl, Knoblauchpulver und Joghurt nach Wunsch

1 Messer
1 Pfanne
1 flotte Lotte oder 1 Pürierstab sofern Strom vorhanden
1 Kochtopf

Schneide zuerst den Tofu in der Mitte durch und brate ihn in einer Pfanne an, bis sich an ihm eine schöne, bräunliche Farbe zeige. Nehme ihn anschließend aus der Pfanne.

Spinat und Tomaten schneide grob, den Lauch hingegen in dünne Ringe. Gebe diese in die Pfanne und brate sie etwas an. Füge noch leicht Knoblauchpulver hinzu und lasse bei geschlossenem Deckel einige Minuten dünsten. Zusätzliches Wasser geben ist nicht nötig.

Püriere die vorhandene Linsensuppe und wärme sie in einem Kochtopf auf. Schmecke an Gewürzen ab, soweit dies noch nötig.
Gib nun die Spinat/Lauch/Tomaten Mischung in die Teller, darüber den Tofu und auf diesen die Sauce.

<u>Anmerkung:</u>
Beilage ist hier nicht nötig. Biete stattdessen ein Glas Milch oder Shake an.

<u>Vorschlag für Fleisch/Fisch:</u>
Wähle Ente oder Schwein. Brate das Fleisch an und gebe es statt oder zum Tofu dazu.

Falsche Fische

Hierbei ist die Vorbereitungszeit wichtig. Achte darauf, am Vorabend schon herzurichten. Wichtig zu wissen ist, dass die Marinade in die bereiteten Sachen gut einwirken könne.

Benötigt werden:
400g rohe Kartoffel
400g gekochte Kartoffel
sowie Salz, Pfeffer, Mehl nach Wunsch

Benötigt werden für die Marinade:
125ml Essig
125ml Wasser
sowie Zwiebelringe, Lorbeerblätter und Gewürzkörner nach Wunsch

1 Reibeisen
1 Kartoffelpresse
1 Pfanne
1 Behältnis für die Marinade

Schäle und reibe die rohen Kartoffel. Drücke sie aus. Die gekochten Kartoffel schäle und drücke diese durch eine Kartoffelpresse. Vermische beide Kartoffelhaufen und füge Salz und Pfeffer hinzu.

Forme Bratlinge in Fischform aus der Masse. Soll es simpler gehen, dann wähle eine ovale Form. Simuliere Schuppe und einen Kopf, sodass der Eindruck eines Fisches entstehen möge. Wälze diese in Mehl und brate sie von beiden Seiten knusprig braun an. Schneide nun die Zwiebelringe dünn und mische die Marinade aus den Zutaten zusammen.

Die Bratlinge lege nun heiß in die Marinade und lasse sie etwas auskühlen. Anschließend lagere sie kühl im

Kühlschrank. Gebe den Bratlingen ausreichend Zeit zum Einziehen der Marinade.

Erst am folgenden Abend serviere diese kalten Bratlinge.

Anmerkung:
Als Beilage wähle grünen Salat, gern auch mit kleingeschnittenen Tomaten und hartgekochten Eiern, sowie einem Glas frischer Milch. Auch frisch aufgewärmt schmecken sie gut.

Vorschlag für Fleisch/Fisch:
Wähle Ente oder Schwein. Brate das Fleisch an und gebe es statt oder zum Tofu dazu.

Falsche Fleischleibchen

Kartoffelbratlinge füllen nicht nur ausgezeichnet den Magen, sondern schmecken auch vorzüglich bei der richtigen Kräuter- und Würzauswahl. Wenn öfters Kartoffelbrei übrig bleibe vom Vortag, dann nutze dies und mache am kommenden Tage dies Rezept. Dadurch möge sich vielleicht die Menge verändern, passe dies also entsprechend an.

Benötigt werden:
0,5 - 1 kg Kartoffelbrei
250g altbackenes Brot
1 Zwiebel
sowie Fett, frische Kräuter, Salz und Pfeffer nach Wunsch

1 Schüssel
1 Messer
1 Pfanne

Weiche als erstes das altbackene Brot in Milch oder Wasser ein. Schäle und schneide die Zwiebel klein. Nach etwa 5

Minuten drücke das Brot aus und mische es mit den Zwiebeln sowie frischen Kräutern nach Wunsch. Besonders gut eignen sich hierfür Liebstöckel, getrocknete Brennnesselblätter, Rosmarin und Thymian als Mischung. Würze eher sparsam. Nimm vorerst an die 2 Teelöffel dieser Mischung. Nachwürzen lässt sich immer noch. Gebe auch eine Prise Salz und Pfeffer hinzu.

Achte darauf, die Masse nicht zu weich werden zu lassen. Forme aus dem Teig kleinere Leibchen und brate diese in einer Pfanne bei wenig Fett heraus.

Anmerkung:
Als Beilage wähle geröstetes Gemüse, auch Champignonsauce eigne sich hervorragend. Wähle auch grünen Salat mit klein geschnittenen Tomaten und Gurken. Diese "Fleischleibchen" lassen sich zudem auch mit Käse oder Gemüse füllen vor dem Braten. Hier bieten sich Champignon an.

Vorschlag für Fleisch/Fisch:
Nehme die Hälfte des Teiges und mache einen dünneren Fladen, lege darauf etwas Käse und Schinken und decke alles mit der gleichen Menge Teich ab. Drücke die Seiten zusammen und brate sie wie gehabt in Fett heraus.

Weiße Bohnen Kotelett

Sofern das richtige Mischverhältnis vorhanden, schmecke dies Gericht beinahe jedem. Achte jedoch wohl darauf, dass jeder auch die Walnüsse vertrage.

Benötigt werden:
125g weiße Bohnen
1 Ei

eine kleine Handvoll Semmelbrösel
getrocknete Steinpilze oder -pulver nach Wunsch
sowie Vollmilch mit 3,5% Fett, Muskatnuss, Salz
und Pfeffer nach Wunsch

1 flotte Lotte oder 1 Pürierstab sofern Strom vorhanden
1 Schüssel
1 Pfanne

Püriere als erstes die Bohnen. Mische Semmelbrösel, Steinpilzpulver (oder klein geschnittene Steinpilze) sowie die Gewürze hinzu und vermische alles gut. Aus dieser Mischung forme zumindest annähernd gleich große Koteletts.

Gebe diese nun in heißes Fett und lasse sie darin braten, bis sie schön knusprig geraten sind.

Anmerkung:
Serviere diese Kotelett mit frischem Salat. Wahlweise biete auch Bratkartoffel oder Sauce an. Achte jedoch darauf, dass die Sauce auch geschmacklich passen möge. Weiter lasse sich dies Kotelett mit Käse überbacken, dann biete gedünstetes Gemüse als Beilage an.

Vorschlag für Fleisch/Fisch:
Wähle Geschnetzeltes aus Schweinefleisch.

Zwergenbraten

Als einfaches Rezept biete sich dies vorrangig im Frühjahr oder frühen Sommer an. Sollten die Pilze selber gesammelt werden wollen, dann lasse es sich natürlich auch im Herbst bereiten, jedoch merke dabei wohl, dass die Brennnesselblätter zu dieser Jahreszeit nicht mehr so kräftig im Geschmack sein mögen.

Hier sei anzumerken, wenn kein Backrohr zur Verfügung stehe, dann bereite den Braten wohl auch am Vortag vor.

Benötigt werden:
500g Brennnessel
500g Pilze
5 große Zwiebel
80g Margarine oder veganes Zwiebelschmalz
10 Eier
6 Zehen Knoblauch
sowie Salz und Pfeffer nach Wunsch

1 Kochtopf
1 Messer
1 Kochlöffel
1 Backform

Koche als erstes die Brennnesselblätter in Salzwasser an die 10 Minuten lang. Nehme sie aus dem Wasser und lasse diese abtropfen.
Schäle und schneide die Zwiebel klein. Brate diese in Margarine oder dem Zwiebelschmalz an. Achte darauf, wann die Zwiebel goldgelb werden. Stelle die Pfanne nun kurz beiseite.
Wasche die Pilze. Schneide sie in Scheiben und gebe diese zu den Zwiebeln. Hacke die Brennnesselblätter und füge auch diese dazu. Nun stelle den Topf zurück auf die Kochstelle und brate alles gut an. Rühre auch ab und an um.

Nehme den Topf nach annähernd 5 Minuten vom Herd und gebe dessen Inhalt in eine Schüssel. Mische noch die Eier sowie die Gewürze darunter und rühre alles gut um.

Gebe diese Mischung nun in eine Backform, achte jedoch darauf sie vorher eingefettet zu haben. Backe alles im Backrohr bei annähernd 170 Grad. Lasse es nun an die 20

Minuten im Backrohr, doch rechne mit etwa 30 Minuten bis das Gericht fertig sei.

<u>Anmerkung:</u>
Biete als Beilage Tomatensalat und Petersilienkartoffel an. Reiche auch ein Glas Milch dazu.

<u>Vorschlag für Fleisch/Fisch:</u>
Streue Speckwürfel über den Braten bevor dieser im Backrohr eingeschoben werde.

Karottenvariation

<u>Benötigt werden:</u>
750g Karotten
40g Margarine
1 kleine Zwiebel
1 Teelöffel Staubzucker
sowie Sauerrahm, grüne Petersilie und Wasser nach Bedarf

1 Messer
1 Kochtopf

Schäle die Karotten und schneide diese in recht dünne Scheiben. Dämpfe sie in etwas Wasser, doch achte wohl darauf, dass sie noch leicht knackig bleiben. Nun schäle auch die Zwiebel und schneide diese klein.

Zerlasse die Margarine und röste den Zucker darin goldgelb an. Dünste die klein geschnittenen Zwiebel in dieser Mischung an. Anschließend salze die Karotten leicht und mische die Zwiebel darunter. Auch einen kleinen Esslöffel Sauerrahm (oder mehr, wenn das gewünscht) mische darunter.

Gebe die Karotten auf die Teller und bestreue sie mit etwas gehackter, grüner Petersilie.

Anmerkung:
Wähle als Beilage Röstgemüse und Reis. Auch Bratlinge und Gurkensalat bieten sich an.

Vorschlag für Fleisch/Fisch:
Wähle Fisch oder Kotelett vom Grill.

Spinatknödel

Benötigt werden:
2 kg Kartoffel
1 Semmel (oder entsprechend Semmelwürfel)
1 kg Spinatblätter
60g Mehl

1 Messer
1 Reibeisen
1 Küchentuch
1 Schüssel
1 Kochtopf
1 Pfanne

Zuerst schäle die rohen Kartoffel. Reibe sie und drücke sie durch ein Küchentuch aus.
Wasche nun den Spinat und koche ihn in Salzwasser auf, doch beschränke dich auf wenige Minuten dabei.
Schneide nun den Spinat grob. Gebe ihn und das Mehl unter die Kartoffel. Schäle und schneide die Zwiebel und die Knoblauchzehen klein. Mische diese ebenfalls darunter.
Vermische die nun vorhandene Knödelmasse. Forme aus der Masse kleinere Knödel.

Röste die Semmelwürfel in etwas Fett an und stecke sie anschließend in die Knödel, achte jedoch darauf, dass sie nicht aus der Masse hervortreten.
Nun koche erst eine der Knödel in etwas Salzwasser. Zerfällt sie nicht, dann koche auch den Rest.

Sobald sie oben schwimmen nehme sie aus dem Kochtopf und lasse sie abtropfen.

Anmerkung:
Wähle als Beilage Tomatensauce und grünen Salat. Alternativ biete sich auch frisch zubereitetes Sauerkraut an.

Vorschlag für Fleisch/Fisch:
Gebe Speckwürfel nach Wunsch in die Knödel dazu, doch achte darauf, dass es nicht zu viele werde. Sonst bestünde die Gefahr, dass die Knödel im Wasser zu zerfallen drohen.

Falscher Spargel

Benötigt werden:
6 Stangen Lauch
1 Esslöffel Margarine
1 Esslöffel Semmelbrösel
2 Esslöffel Käse nach Wahl
sowie Salz nach Bedarf

1 Messer
1 Kochtopf
1 Pfanne

Wasche als erstes gründlich den Lauch. Schneide die grünen Enden sowie die Wurzeln weg und den Lauch selber in etwas größere Stücke. Koche diese nun in einem Topf mit Salzwasser weich. Rechne hierbei mit annähernd 15 Minuten.

Hole sie anschließend aus dem Wasser und lasse sie gut abtropfen. Gebe sie auf die Teller.

Zerlasse nun die Margarine in einer Pfanne. Gebe die Semmelbrösel dazu und auch den Käse. Röste diese Mischung leicht an. Sollte der Käse noch etwas zu zäh sein, dann füge noch etwas Margarine oder Schmelzkäse hinzu. Von dieser Mischung gebe über die Lauchstücke.

Anmerkung:
Als Beilage wähle gekochte Salzkartoffel. Auch Reis mit Käsesauce eigne sich hier hervorragend.

Vorschlag für Fleisch/Fisch:
Wähle Fisch. Dämpfe ihn und lege ihn unter die Lauchstücke.

Süß-saure Karotten

Benötigt werden:
750g Karotten
3 Esslöffel Margarine
3 Esslöffel Ahornsirup
sowie Kreuzkümmel, Salz, Pfeffer, Zitronensaft und Kresse nach Wunsch

1 Messer
1 Kochtopf

Als erstes schäle die Karotten. Schneide sie nun schräg auf annähernd 1 cm Dicke. Es sei dabei durchaus von Vorteil diese möglichst schräg zu schneiden. Gebe die Karottenscheiben nun in einen Topf mit Salzwasser. Koche sie an die 10 Minuten darin. Lasse sie anschließend gut abtropfen.

Nun erhitze die Margarine und lasse diese zergehen. Füge den Ahornsirup hinzu und lasse es leicht aufkochen. Erst jetzt gebe die Karotten in den Topf. Lasse sie bei kleinerer Flamme an die 5 Minuten leicht dünsten. Gebe dafür einen Deckel darauf und warte bis sich erste, leichte Krusten zeigen. Die Krusten schmecken gut. Sobald sie den gewünschten Grad erreichen, teile sie auf Teller.

Mische Salz, Pfeffer sowie Kreuzkümmel mit etwas Zitronensaft und gebe diese Mischung über die Karotten. Schneide die Kresse und verteile diese auf den zuletzt.

Anmerkung:
So gewünscht, lege frische Spinatblätter auf den Teller und gebe die Karotten darauf. Wähle als Beilage frisch gekochten Reis und Erbsen. Biete Sauerrahm zur freien Entnahme.

Vorschlag für Fleisch/Fisch:
Wähle Schwein. Schneide das Fleisch in kleine Streifen und brate sie mit Grillgewürz.

Kartoffelschmarrn

Benötigt werden:
1 kg festkochende Kartoffel
4 Zwiebel
70g Margarine
4 Esslöffel Öl
sowie Petersilie, Knoblauch, Salz und Kümmel nach Wunsch

1 Messer
1 Pfanne

Koche zuerst die Kartoffel und schäle sie anschließend. Schneide diese annähernd fingerdick. Schäle die Zwiebel und

schneide diese in dünne Ringe.
Bringe in einer Pfanne die Margarine zum Schmelzen und mische sie mit dem Öle. Brate darin die Zwiebel an, bis ihr Farbton leicht ins goldene gehe.
Mische die Kartoffel dazu, ebenso einen Hauch an Knoblauch. Lasse alles schön anbraten. Rühre zwar ab und zu um, aber nicht zu viel. Die Kartoffel sollten eine schöne braune Kruste erhalten. Abschließend schneide noch frische Petersilie und rühre diese unter.

Anmerkung:
Wähle als Beilage Sourcream. Reiche Milch dazu.
Die Kartoffel lassen sich wunderbar durch Kürbis oder Kohlrabi ersetzen.

Vorschlag für Fleisch/Fisch:
Wähle Speck. Schneide diesen in dünne Scheiben und brate ihn vorab an. Mische ihn anschließend unter den Schmarrn.

Waldnockerl

Dies Gericht eignet sich vorzugsweise um den Mai herum. Zu einer Jahreszeit, in der Bärlauch in den Wäldern gedeiht. Achte beim Sammeln jedoch darauf, ihn nicht mit Maiglöckchen zu verwechseln.

Benötigt werden:
5 alte Semmeln
100g Margarine
1 Zwiebel
2 Eier
250ml Vollmilch
1 Bund Bärlauch
2 Esslöffel Mehl
sowie Salz nach Bedarf

1 Messer
1 Kochtopf
1 Messbecher
1 Schüssel

Als erstes schneide die Semmeln klein. Schäle die Zwiebel und wasche den Bärlauch. Beides schneide in Stücke. Lasse in einer Pfanne etwas Margarine zergehen und brate darin die Zwiebel an bis sie glasig sind. Füge den Bärlauch hinzu, sodass dieser mit dünsten kann. Doch lasse Zwiebel und Bärlauch nicht zu lange in der Pfanne. Gebe diese Mischung zu den Semmelwürfel und vermische in einer Schüssel alles gründlich.

In einem Messbecher vermenge Milch und Eier, salze diese und gebe auch sie zur Semmelwürfelmasse. Lasse nun die Masse etwas ruhen. Nach annähernd 5 Minuten gebe auch das Mehl dazu.

Forme kleine Nockerl aus der Masse und gebe diese in kochendes Salzwasser. Nehme eines zur Probe. Wenn es nicht mehr zerfällt, dann ist der Teig gut geworden. Ansonsten mische ruhig noch etwas Mehl oder Semmelbrösel darunter. Sobald die Nockerl oben schwimmen sind sie fertig und können aus dem Topf genommen werden.

<u>Anmerkung:</u>
Als Beilage wähle grünen Salat, mische einige dünne, rote oder orange Paprikastreifen sowie hartgekochte Eier darunter. Auf die Nockerl reibe etwas Käse, das gibt ihnen einen guten Touch.

<u>Vorschlag für Fleisch/Fisch:</u>
Mische Speckwürfel unter die Nockerlmasse und koche diese mit.

Gemüsige Filetstreifen

Benötigt werden:
2 Tassen Kartoffel
1 Tasse Karotten
1 Ei
1 kleine Zwiebel
20g Hefe
2 Esslöffel Haferflocken
sowie Fett, Salz und Nelkenpulver nach Wunsch

1 Messer
1 Reibe
1 Pfanne

Als erstes schäle Kartoffel und Karotten. Reibe beides und vermische sie mit dem Ei, Hefe und dem Nelkenpulver. Vermenge alles zu einem guten Teig. Gebe auch eine kleine Prise Salz hinzu.

Lasse alles an die 20 Minuten stehen. Gib der Hefe etwas Zeit zum Wirken. Wärme in einer Pfanne etwas Fett an, warte, bis es flüssig wird. Forme aus der Masse möglichst dünne Fladen und brate diese in der Pfanne heraus. Achte darauf, dass sie leicht kross werden und eine schöne goldbraune Farbe annehmen. Nimm sie dann aus der Pfanne und lasse sie erst einmal kalt werden.

In dieser Zeit schäle eine kleine Zwiebel und schneide diese klein. Lasse sie darin goldfarben anbraten. Nun nehme die kleinen Fladen, schneide diese in Streifen und gebe die Streifen zu den Zwiebeln. Brate alles gut an bis es kross wird, aber achte darauf, dass nichts anbrennt.

Anmerkung:
Wähle grünen Salat oder Ruccola als Beilage. Serviere die Filetstreifen zusammen mit feiner Senfsauce.

Vorschlag für Fleisch/Fisch:
Nehme Speckwürfel und brate diese mit den Zwiebeln und den Filetstreifen mit.

Gemüsestrudel

Benötigt werden:
250g gemischtes gekochtes Gemüse nach Wahl
1 Zwiebel
2 Rollen Blätterteig
1 Stück Käse nach Wahl
1 Ei
sowie Kräutersalz nach Bedarf

1 Messer
1 breiter Blätterteig
1 Raspel
1 viereckige Backform

Schneide das gekochte Gemüse in gröbere Stücke. Schäle eine große Zwiebel und schneide auch diese. Rolle den Blätterteig aus und gebe das Gemüse und die Zwiebel darauf. Nun rasple den Käse darüber, sodass er das gesamte Gemüse bedecken möge. Streue etwas Kräutersalz darüber und so gewünscht noch andere Kräuter nach Wahl.

Rolle nun den Blätterteig mit dem Gemüse zusammen und schlage die Enden ein. Verquirle noch mit einer Gabel das Ei und streiche es mit einem Pinsel auf den Blätterteig.

Gebe den Strudel nun in die gefettete Backform und stelle ihn ins Backrohr. Nutze mittlere Hitze. Sobald der Teig anfängt bräunlich zu werden, dann entnehme ihn wieder dem Backrohr.

Anmerkung:
Wähle grünen Salat als Beilage. Serviere auf Wunsch den Strudel mit Vanillesauce, dies ermögliche einen leicht süßlichen Touch.

Vorschlag für Fleisch/Fisch:
Wähle Speckwürfel oder Schwein. Hier eigne sich jegliches Fleisch, das vorbereitet und gekocht oder gebraten sei. Schneide es in kleine Stücke und mische es unter das Gemüse.

Kartoffel/Karottenpuffer

Benötigt werden:
300g Kartoffel roh
200g Karotten
1 kleine Zwiebel
2 Eier
sowie Salz und Mehl nach Bedarf

1 Messer
1 Reibe
1 Schüssel
1 Pfanne

Als erstes schäle Kartoffel und Karotten. Gleich danach reibe beides in eine gemeinsame Schüssel. Schäle nun die Zwiebel und schneide diese klein. Vermische Zwiebel, Karotten und Kartoffel miteinander.
Füge Eier sowie Salz hinzu. Auch ein kleiner Esslöffel Mehl kann nicht schaden. Lasse alles für eine kleine Weile ruhen.

Während dieser Zeit erhitze in einer Pfanne etwas Fett.
Nehme eine kleinere Menge des Teiges und drücke sie in der Hand zu einem Fladen platt. Optimal ist ein handgroßer Fladen. Stäube etwas Mehl darüber und lege den Puffer ins Fett. Nach jedem Puffer tauche die Hände kurz in Wasser, dies verhindere ein Kleben an der Haut.

Brate nun den Puffer von beiden Seiten schön knusprig. Wenn die Oberfläche etwas bräunlich und kross werde, so fördere dies lediglich den Geschmack. Doch zu viel des Guten muss auch nicht sein. Leichte Bräune sei als optimal zu betrachten.

Anmerkung:
Wähle grünen Salat und Sauerrahmdressing als Beilage.

Vorschlag für Fleisch/Fisch:
Wähle gebratene Speckstreifen und gebe diese als Beilage zu den Puffern.

Geröstete Knödel

Benötigt werden:
Semmelknödel
1 Ei pro Semmelknödel
1 kleine Zwiebel pro 2 Semmelknödel
1 grüner Salat
Öl nach Bedarf

1 Messer
1 Pfanne

Schneide als erstes die Knödel in gröbere Stücke, achte jedoch darauf, dass sie nicht zu klein sein mögen. Schäle die Zwiebel und schneide diese auch eher grob.

Gib nun beides in eine Pfanne und röste sie bei etwas Öl an. Sind die Knödelstücke an den Kanten leicht kross, dann gib die Eier darüber.

Rühre alles mit dem Kochlöffel ein paar Mal um, bis die Eier gestockt sind.

Stelle die Pfanne beiseite.

Wasche und schneide den Salat in gröbere Stücke. Gib ihn auf die Teller und den Pfanneninhalt darauf.

Anmerkung:
Als Beilage wähle Tomatensalat. Streue auch etwas frische Petersilie oder Schnittlauch über die Knödel.

Vorschlag für Fleisch/Fisch:
Wähle faschierten Braten oder gebratenes Schweinefleisch.

Spinat mit Kartoffel und Ei

Benötigt werden:
500g Spinat
2 große, gekochte Kartoffel
1 kleine Zwiebel
2 Eier pro Person
sowie Grillgewürz, Öl und Schnittlauch nach Wunsch

1 Messer
1 Kochtopf
1 Pfanne

Zuerst taue den Spinat auf. Sofern dies bereits geschehen, gebe ihn in einen Kochtopf und erwärme ihn. Frische Spinatblätter hingegen schneide grob und koche diese in Wasser.

Schäle in der Zwischenzeit die Zwiebel und schneide diese.
Verfahre gleichermaßen mit den Kartoffel. Gebe beides in eine
Pfanne und brate sie in etwas Öl an. Streue etwas Grillgewürz
während des Bratens dazu.
Wenn Kartoffel und Zwiebel passen, also leicht angebraten
sind, dann gebe sie in eine Schüssel und nutze die Pfanne für
die Eier. Diese brate zu Spiegeleiern heraus.

Anschließend gebe auf jedes Teller etwa zur Hälfte die
Kartoffel/Zwiebelmischung, auf die andere Hälfte den Spinat
und je 2 Spiegeleier darauf.

<u>Anmerkung:</u>
Als Beilage wähle frischen Gurkensalat mit Tomatenscheiben.
Streue ruhig auch etwas frischen Schnittlauch auf die Eier.

<u>Vorschlag für Fleisch/Fisch:</u>
Wähle gebratene Speckstreifen.

Rahmfisolen mit Kartoffel

<u>Benötigt werden:</u>
500g Fisolen
1 große Zwiebel
250 ml Sauerrahm
4 mittelgroße Kartoffel
sowie frischer Schnittlauch, Knoblauch, Kräutersalz nach Geschmack

1 Messer
1 Kochtopf
1 Pfanne

Koche zuerst die Kartoffel weich. Schäle und schneide die
Zwiebel in kleinere Würfel und brate diese in einer Pfanne bei
ganz wenig Öl goldgelb an. Nun gebe die Fisolen dazu.

Lasse alles an die 10 Minuten leicht köcheln und nehme anschließend den Topf von der Flamme.
Mische nun den größten Teil des Sauerrahms mit Knoblauch und Kräutersalz und rühre diese Mischung unter die Fisolen.
Schäle nun die Kartoffel. Schneide diese in gröbere Stücke und salze sie leicht.

Schenke die Fisolen in die Teller ein und gebe die Kartoffel dazu. In jeden Teller füge noch einen Klacks Sauerrahm und zum Drüberstreuen frischen Schnittlauch hinzu.

<u>Anmerkung:</u>
Als Beilage wähle frischen Gurkensalat mit Tomatenscheiben. Streue ruhig auch etwas frischen Schnittlauch auf die Eier.
Auch etwas frischer Kren sei als Ergänzung anzudenken.

<u>Vorschlag für Fleisch/Fisch:</u>
Wähle gekochtes Rindfleisch.

Kürbispuffer

<u>Benötigt werden:</u>
400g Kürbisfleisch
1 kleine Zwiebel
1 kleine, pikantere Chilischote
2 Eier
sowie Salz und Pfeffer nach Geschmack

1 Messer
1 Becher
1 Reibe
1 Pfanne

Schäle als erstes den Kürbis und entkerne ihn. Reibe das Kürbisfleisch, es muss jedoch nicht zu fein sein.
Wasche die Chili und schneide diese in kleinere Stücke,

mische sie anschließend unter das geriebene Kürbisfleisch.
Schäle die Zwiebel und verfahre mit ihr wie mit der Chili.
In einem größeren Becher (oder einer Schale) mische Eier, Salz und Pfeffer. Verquirle sie miteinander und mische auch diese darunter.

Erwärme in einer Pfanne etwas Öl.

Nehme nun aus der Kürbismischung eine kleinere Menge und forme damit einen Fladen. Optimal ist es, wenn dieser annähernd so groß wie die Handfläche ist. Lege diese nun ins heiße Öl. Drehe den Puffer um, wenn er in etwa goldbraun geraten ist. Es ist in Ordnung, wenn sie etwas kross geraten sind, denn das schmeckt gut.

<u>Anmerkung:</u>
Als Beilage wähle grünen Salat oder Gurkensalat mit Tomatenscheiben. Auch Knoblauchsauce biete sich hier an.

<u>Vorschlag für Fleisch/Fisch:</u>
Wähle Specksauce oder brate Speckwürfel mit und gebe diese darüber.

Pizza ohne Teigboden

Diese Pizzavariante ist als Alternative zu einer klassischen Pizza wohl zu verstehen. Sie ist wie jede "normale" Pizza zu bereiten, mit dem Unterschied, dass der klassische Pizzaboden durch Zucchinischeiben ersetzt werden.

<u>**Benötigt werden:**</u>
2 große Zucchini
1 Dose geschälte Tomaten in Tomatensaft
2 große Zwiebel
sowie Gemüse der Saison, Oregano und geriebener Käse nach Wunsch

1 Messer
1 Backpapier
1 Backblech

Wasche als erstes sämtliches Gemüse gründlich.
Schneide die Zucchini der Länge nach und lege sie auf das Backblech. Backpapier lasse sich auch ersetzen durch einfetten des Bleches.
Darauf gebe die Dosentomaten. In den Dosen finde ausreichend Tomatensaft, zerdrücke die darin enthaltenen Tomaten mit den Händen und streiche sie auf die Zucchinischeiben. Schäle nun die Zwiebel und schneide diese in dünne Ringe. Verteile diese als nächstes.

An Gemüse nehme was schmecke und was gern gegessen werde, bevorzugt sollte es bereits gekocht sein, ansonsten benötige die Pizza mehr Zeit im Backofen.
Das nächste, das noch auf die Pizza komme sei der Käse. Wähle Käse der gern gegessen werde wie Mozzarella oder Emmentaler. Doch verwende nicht zu viel davon.
Anschließend verstreue noch gut 1 bis 2 Handvoll Oregano.

Schiebe das Backblech in das Backrohr und warte bis der Käse blubbere. Nehme nun das Backblech aus dem Ofen, schneide die Pizza in Stücke und verteile sie auf die Teller. Achte darauf dafür etwas zu nehmen, das das ganze Stück in einem hochzuheben in der Lage sei.

<u>Anmerkung:</u>
Pizza an sich benötige keine Beilage. Doch wenn gewünscht reiche passende Getränke dazu.

<u>Vorschlag für Fleisch/Fisch:</u>
Wähle Dosenthunfisch, Schinken oder Salami und verteile diese mit oder anstelle des Gemüses

Arme Ritter

Das Gericht als solches, so wird erzählt, fände sich selbst in den Geschichten um Römische Reich. Doch vermutlich ist es in beinahe jedem Volk bekannt und wird gerne verspeist.

Benötigt werden:
4 Scheiben (Toast)Brot
1 Ei
40 g Margarine
250 ml Vollmilch
sowie Zimt und Zucker nach Geschmack

1 Schale
1 Becher
1 Pfanne

Lege als erstes die Brotscheiben in eine Schale. Verquirle nun die Eier mit der Milch und gebe diese Mischung über die Brotscheiben. Lasse sie schön einweichen. Da das Gebäck die Milch/Eimischung rasch aufnimmt, dauert es allenfalls einige Minuten.

Gebe nun in eine Pfanne die Margarine und lasse sie bei passender Hitze flüssig werden. Die eingeweichten Brotscheiben brate darin an, bis sie schön goldgelb geraten sind. Achte jedoch darauf, dass sie von beiden Seiten gebraten werden.

<u>Anmerkung:</u>
Als Beilage wähle frischen Salat der Saison. Sofern die armen Ritter etwas süßer geraten sollen, streue noch etwas Zimt mit Zucker zum Abschluss darüber und serviere sie mit Kompott.

<u>Vorschlag für Fleisch/Fisch:</u>
In der süßen Form enthalte dich lieber des Fleisches, das

schlägt sich mit dem Geschmack. Ansonsten wähle Schinken oder ähnlich dezentere Wurstsorten.

Versoffene Jungfrau

Diese Variante sei eher den erwachsenen Essern vorbehalten. ACHTUNG! Alkoholisch.

Benötigt werden:
4 Scheiben (Toast)Brot
1 Ei
40g Margarine
250ml Rotwein
sowie Zimt und Zucker nach Geschmack

1 Schale
1 Becher
1 Pfanne

Lege als erstes die Brotscheiben in eine Schale. Verquirle nun den Rotwein mit der Milch und gebe diese Mischung über die Brotscheiben. Lasse sie schön einweichen. Da das Gebäck die Milch/Weinmischung rasch aufnimmt, dauert es allenfalls einige Minuten.

Gebe nun in eine Pfanne die Margarine und lasse sie bei passender Hitze flüssig werden. Die eingeweichten Brotscheiben brate darin an, bis sie schön goldgelb geraten sind. Achte jedoch darauf, dass sie von beiden Seiten gebraten werden.

Anmerkung:
Als Beilage wähle frischen Salat der Saison. Sofern die versoffene Jungfer etwas süßer geraten sollen, streue noch etwas Zimt mit Zucker zum Abschluss darüber und serviere sie mit Kompott.

Vorschlag für Fleisch/Fisch:
In der süßen Form enthalte dich lieber des Fleisches, das schlägt sich mit dem Geschmack. Ansonsten wähle Schinken oder ähnlich dezentere Wurstsorten.

Nagerlsterz

Benötigt werden:
400g Nagerl (Eierschwammerl)
2 große Esslöffel Gries
2 Eier
1 kleine Zwiebel
1 kleiner Bund Petersilie
sowie Salz und Pfeffer zum Abschmecken

1 Messer
1 Pfanne
1 Kochlöffel
1 Schüssel oder Becher

Putze als erstes die Nagerl gründlich. Wasche sie und lasse sie in einem Sieb ordentlich abtropfen. Anschließend schneide sie in gröbere Stücke.
Schäle die Zwiebel und schneide diese, sowie die Petersilie klein. Brate sie in etwas Fett in einer Pfanne an. Gib nun die Pilze dazu und lasse diese Mischung an die 10 Minuten in der Pfanne dünsten.

Erst jetzt füge noch den Gries hinzu. Rühre gut um, der Gries neige hier leider etwas zum Anbrennen, aber ist nötig für ein gutes Maß an Flaumigkeit.

Verquirle nun die Eier. Rühre diese unter die Pilzmischung in die Pfanne. Verrühre alles gut. Es dauert nicht lange, bis die

Eier stocken, dann ist der Sterz fertig. Würze noch etwas mit Salz und Pfeffer.

Anmerkung:
Als Beilage wähle frischen Gurken- oder grünen Salat.

Vorschlag für Fleisch/Fisch:
Wähle hier Wild, wobei Hirsch oder Reh sich ausgezeichnet als Ergänzung machen.

Fleischloser faschierter Braten

Benötigt werden:
1,5 Tassen Sellerie
1 Karotte
1 Tassen Haferflocken
1 Tasse Dosenlinsen
1 Zwiebel
sowie Fett und Semmelbrösel nach Bedarf

1 Reibe
1 Schüssel
1 Pfanne
1 Brat

Als erstes schäle den Sellerie und die Karotte und reibe beides. Mische darunter die Haferflocken und lasse alles an die 30 Minuten ruhen.
Indessen schäle und schneide die Zwiebel klein und mische sie zu den Linsen.

Nach Ablauf der 30 Minuten gebe alles zusammen. Achte darauf, dass nichts zerfällt, denn nach der Zeit sollte sich bereits alles verbunden haben.

Forme aus der Masse einen Laib und wälze ihn in den Semmelbrösel. Nun nehme noch eine Pfanne und brate den Laib darin kurz scharf an.

Anschließend gebe den Laib in eine Bratpfanne und darin in das Backrohr. Lasse bei mittlerer Hitze den falschen faschierten Braten darin.

<u>Anmerkung:</u>
Wähle als Beilage Salat der Saison.

<u>Vorschlag für Fleisch/Fisch:</u>
Wähle Speckwürfel und mische diese unter grünen Salat.

Sauerkrautnudeln

<u>Benötigt werden:</u>
250g Sauerkraut
1 Ei
130g Kartoffel
sowie Fett, Mehl und Salz nach Bedarf

1 Messer
1 Kochtopf
1 Pfanne

Drücke erst das Sauerkraut richtig gut aus. Schneide anschließend das Kraut durch, achte dabei darauf, dass die geschnittenen Teile nicht zu groß werden, sondern entsprechend klein gehalten sind. Mische nun das Sauerkraut mit ausreichend Mehl. Je weniger Flüssigkeit noch im Sauerkraut vorhanden, umso weniger Mehl sei nötig. Rechne mit in etwa einer Handvoll Mehl. Auch das Ei mische hier darunter. Bei Bedarf gib noch etwas Mehl hinzu.

Forme eine Rolle aus dem Teig und schneide gleich große Stücke davon ab. Forme jedes dieser Stücke zu fingerdicken Nudeln und gebe eine zur Probe in kochendes Salzwasser.

Sollte diese Probenudel zerfallen, dann benötigt der Teig noch etwas Mehl. Gib der Reihe nach jede einzelne Nudel zum Kochen ins Wasser. Sobald sie oben schwimmen sind sie fertig.

Brate in einer Pfanne bei ausreichend Fett die Nudeln heraus, bis sie goldgelb werden.

<u>Anmerkung:</u>
Wähle als Beilage grünen Salat mit Tomatenscheiben und kleinen Mozzarellakugeln. Statt des Ei lässt sich auch ein Esslöffel Apfelmus nutzen. Dadurch behält er die Flaumigkeit und bekommt zeitgleich einen leicht süßlichen Stich.

<u>Vorschlag für Fleisch/Fisch:</u>
Brate Schweinefleisch und gib die Sauerkrautnudeln als Beilage dazu.

Süßes, Desserts und Breie

Zu guter Letzt kommen wir zu den Desserts. Vermutlich ausnahmslos jeder schätzt gute Desserts. Allerdings, beachte auch hier stets die entsprechende Jahreszeit und bereite Desserts immer zeitlich im Kontext zu.

Beachte weiter, nicht immer mögen Desserts süß sein, nein, auch anders geartete Desserts dürfen serviert werden. Wichtig ist lediglich, wie gut sie beim Genießer ankommen.

In Anbetracht dessen, dass Desserts im Regelfall der süßen Richtung angehören, gibt es hier keine Empfehlung für Fisch oder Fleisch.

Rezept		Epoche / Spielwelt
Karibische Pfannkuchen	Vegetarisch	Fantasy, Modern, Piraten
Grießbrei	Vegetarisch	Jede
Kompott	Vegetarisch	Fantasy, Modern
Haferbrei (Porridge)	Vegetarisch	Jede
Besoffene Birne	Vegan	Modern, Historisch
Milchreis	Vegetarisch	Jede
Banane/Apfeldessert	Vegan	Modern, Fantasy
Vanilliges Dessert	Vegetarisch	Fantasy, Modern, Piraten
Gebackene Bananen	Vegan	Fantasy, Modern, Piraten
Palatschinkenteig	Vegetarisch	Jede
Kaiserschmarrn	Vegetarisch	Jede
Mohnnudeln Waldviertler Art	Vegan	Jede
Äpfel im Blätterteig	Vegetarisch	Jede

Karibische Pfannkuchen

Diese speziellen Pfannkuchen schmecken etwas flaumiger und süßer denn die üblichen. Verbreitet sind sie eher im karibischen Raume. Rein geschmacklich bedeute dies - vorsichtig mit dem Süßen sein.

Benötigt werden:
250g Mehl
2 Eier
750ml Vollmilch
2 TL Zucker
sowie Muskatnuss, Salz und Puderzucker nach Bedarf

1 Schüssel
1 Schneebesen

1 Pfanne
1 Schöpflöffel
1 Pfannenwender

Mische als erstes Milch, Mehl, Zucker und Muskatnuss zusammen. Achte jedoch darauf, der Teig müsse glatt, Mehlklümpchen dürfen darin nicht mehr sein.

Erhitze eine Pfanne und streue etwas Salz rein, danach gib einen Schöpfer voll Teig in die Pfanne. Nutze mittlere Hitze. Die Masse wird bald einen schönen Fladen formen. Mehr als einmal wenden ist im Regelfall nicht nötig.

<u>Anmerkung:</u>
Auf die Pfannkuchen gib etwas Staubzucker. Als Beilage, sofern erwünscht, biete Marmelade, Apfelmus oder Ahornsirup an.

Grießbrei

Obwohl dieser Brei eher als Kindergericht bekannt sei, so schmecke er, bei richtiger Zubereitung sehr wohl auch den Erwachsenen. Generell sind Breie ja eine recht feine und wohlschmeckende Sache.

<u>Benötigt werden:</u>
500ml Vollmilch
4 Esslöffel Gries
sowie Zucker, Margarine und Zimt nach Wunsch

1 Kochtopf
1 Schneebesen

Erhitze erst die Milch im Kochtopf, achte genau darauf, dass sie nicht anzubrennen beginne. Sobald sie den kochenden Zustand erreiche. Nehme nun den Topf von der Flamme und rühre mit einem Schneebesen den Gries unter, doch nicht zu rasch. Lasse dem Gries etwas Zeit zum Quellen.

Schalte nun die Wärmequelle etwas niedriger und stelle den Topf noch einmal darauf. Rühre noch an die 5 Minuten weiter um. Probiere mit einem kleinen Löffel die Konsistenz des Breis. Gib noch Milch dazu, wen der Brei zu fest und etwas Gries wenn er zu flüssig sei.
Bedenke jedoch auch beim Nachgeben, dass Gries Zeit zum Quellen brauche. Füge also erst wenig nach.

Sobald die Konsistenz stimme, gib den Brei in Teller. In die Mitte lege ein Stück Margarine und auf den Brei streue Zimt nach Geschmack.

<u>Anmerkung:</u>
Anstelle von Margarine biete sich auch Buttern, statt Zimt gehe auch Kakaopulver.

Apfelnockerl

Besonders Apfelliebhabern wird dies Rezept wohl munden. Passe den Zuckerbedarf dieses Rezeptes an die Süße der Äpfel an. Je süßer die Äpfel von Natur aus sind, desto weniger Zucker nutze.

<u>Benötigt werden:</u>
500g Äpfel
1 Ei
100g Mehl
sowie Salz, Zucker, Margarine und Zimt nach Bedarf

1 Messer
1 Kochtopf
1 kleiner Löffel

Schäle als erstes die Äpfel, entkerne sie und schneide das Fruchtfleisch zu kleinen Würfeln. Achte darauf, je kleiner die Würfel umso leichter zu Verarbeiten.
Mische die Apfelstücke mit Mehl, etwas Margarine, Salz sowie dem rohen Ei. Verarbeite alles zu einem guten Teige.

Steche mit einem kleinen Löffel Nockerl aus dem Teige und gebe dieses ins kochende Salzwasser. Nimm zuerst ein Probenockerl. Zerfällt es beim Kochen, dann gib noch etwas Mehl zum Teige.
Sobald die Nockerl auf dem kochenden Wasser schwimmen sind sie fertig.

Fische sie aus dem Wasser und lege sie auf die Teller. Bestreue sie mit Zucker und Zimt.

<u>Anmerkung:</u>
Zu Zimt und Zucker lassen sich auch Apfelmus und Preiselbeeren gut anbieten. Vor allem schmecken frische, geschmacksintensive Waldbeeren ausgezeichnet zu den Apfelnockerl.

<u>Haferbrei / Porridge</u>

Oft verschmäht verfügt der Haferbrei über wahrlich verborgene Talente. Gerade wenn die Herrschaft aus hohem Norden oder kalten Gefilden stamme, möge sie der positiven Wirkung von Haferbrei sich wohl bewusst sein.

<u>**Benötigt werden:**</u>
ca. 8 Esslöffel Haferflocken
500ml Wasser oder Vollmilch
2 Esslöffel Zucker
sowie Salz nach Wunsch

1 Kochtopf
1 Kochlöffel

Bringe in einem Kochtopf etwas Wasser zum Kochen und gebe darin die Haferflocken. Rühre leicht um, achte darauf, dass die Flocken nicht anbrennen. Sobald die Haferflocken leicht Blasen schlagen verringere die Hitzezufuhr.
Nun gib den Zucker hinzu, rühre ihn gut unter.
Jetzt nehme den Topf von der Flamme und lasse ihn an die 5 Minuten ruhen.

Anmerkung:
Auf den Haferbrei gib einige Beeren und darüber Ahornsirup. Als Beilage biete Milch an.

Besoffene Birne

Als Dessert oder als Beilage zu Wildgerichten sei diese Speise zu bereiten. Besonders gut gelingt das Rezept mit süßeren Sorten. ACHTUNG !!! Alkoholisch.

Benötigt werden:
4 feste, fleischige Birnen
400ml Rotwein
75g Zucker
1/2 PKW. Vanillezucker
1/2 Zimtstange und Speisestärke nach Belieben

1 Messer
1 Kochtopf
1 Tasse
1 Schneebesen

Beginne damit die Birnen zu schälen, zu halbieren und das Kerngehäuse zu entfernen. Gib sie nun in einen Kochtopf.

Dort bestreue die Birnenhälften mit Zucker und Vanillezucker.
Lasse den Birnen nun etwas Zeit zum Ruhen. Nach annähernd 10 Minuten füge die Zimtstange sowie den Rotwein dazu.

Stelle nun den Topf auf den Herd und lasse die Birnen etwa 15 Minuten köcheln. Achte jedoch darauf, dass die Birnen nicht zu weich werden, wobei das allein die Festigkeit der Form beeinträchtige.

Nach den 15 Minuten hebe die Birnen sachte aus dem Topf und gebe sie auf einen Teller.

Entferne nun die Zimtstange. Rühre nun in einer kleinen Tasse etwas Wasser mit Speisestärke ab. Je kühler das Wasser umso leichter wird dies. Doch achte darauf, dass keinerlei Klümpchen darin bleiben.
Lasse den Rotwein noch einmal kurz aufkochen und rühre dabei die Mischung aus Wasser und Stärke vorsichtig in den Wein ein. Koche dies für ein paar Minuten auf und nehme danach den Topf vom Herd, gieße die Weinmischung über die Birnen.

<u>Anmerkung:</u>
Achte darauf die Birnen etwas abkühlen zu lassen. Höchstens lauwarm sollten sie serviert werden.
Als Beilage bietet sich hier Vanillesauce an

Milchreis

Benötigt werden:
500ml Vollmilch
125g Reis
sowie Zucker, Salz, Zimt und Margarine nach Belieben

1 Kochtopf oder sofern Strom vorhanden 1 Reiskocher
1 Kochlöffel

Die simpelste Variante Milchreis zu bereiten ist ein Reiskocher. Darin gebe die Reis, Milch und etwas Salz und warte, bis der Kocher fertig werde.

Steht ein solcher nicht zur Verfügung so nehme einen Kochtopf und gebe Reis, Milch und etwas Salz in diesen. Achte darauf keine zu hohe Temperatur zu nutzen. Je höher die Hitze, umso größer das Risiko des Anbrennens.

Rühre auch regelmäßig um!
Sobald der Reis durch sei, gebe ihn auf die Teller. Darauf lege ein kleines Stück Margarine. Bestreue dies alles mit Zucker und Zimt.

Anmerkung:
Anstelle von Margarine biete sich auch Buttern, statt Zimt wähle Kakaopulver. Reiche auch ein Glas Milch dazu.

Banane/Apfeldessert

Dies Gericht sei als eines der einfachsten, schnellsten und beliebtesten genannt. Achte darauf, dass Äpfel und Bananen schön reif sind. Auch braune Flecken auf den Bananen stören hier keineswegs - im Gegenteil!

Benötigt werden:
1 Apfel
1 Bananen
sowie Zimt, Kokosstreusel und geriebene Schokolade nach Wunsch

1 Reibe
1 Messer
1 Gabel

Schäle als erstes den Apfel. Reibe ihn in einen Teller. Auch die Banane schäle und zerdrücke diese mit einer Gabel. Vermische nun beides.

Streue etwas Zimt darauf.

Anmerkung:
Statt Zimt biete sich auch Kakao oder Kokosraspeln an. Auch flüssige Schokolade sei als Möglichkeit genannt.

Vanilliges Dessert

Benötigt werden:
1 L Vollmilch
3 Eier
3 Esslöffel Zucker
1 Esslöffel Vanillepudding Pulver
1 Vanillezucker
sowie Zitronenschale und Salz nach Wunsch

2 kleinere Schüssel
1 Kochtopf
1 Schneebesen
1 Zitronenreibe

Trenne als erstes Eiweiß von Eigelb. Nutze dafür die zwei kleineren Schüsseln. Bringe die Milch in einem Kochtopf zum Kochen, doch achte darauf, dass sie nicht anbrenne oder übergehe.
Schlage das Eiweiß mit etwas Salz steif.

Nehme nun einen Esslöffel und tauche diesen kurz in die kochende Milch ein. Nehme nun etwas vom fertigen Eischnee und lege diesen leicht auf die kochende Milch. Es dauere nicht lange, nach wenigen Minuten sei der Eischnee so fest, dass er aus der Milch gehoben werden könne. Lege ihn auf einen Teller beiseite. Verfahre mit dem ganzen Eischnee auf diese Weise.

Verrühre das Eigelb mit dem Zucker bis es eine schöne schaumige Konsistenz ergebe. Nun rühre das Vanillepulver hinzu. Diese Mischung rühre in die noch leicht kochende Milch ein. Lasse sie leicht aufkochen.
Jetzt reibe die Zitronenschale in den Topf. Erst zuletzt streue noch den Vanillezucker unter.

Anschließend gebe diese Puddingmischung auf die steifen Eischneestücke.

Anmerkung:
Wähle ob warm oder kalt serviert werden solle. Doch niemals heiß! Geschmacklich passt beides. Sollte dies Dessert noch etwas verfeinert werden, dann wähle Himbeeren und gebe diese in die Mitte des Tellers.

Gebackene Bananen

Ein äußerst einfaches, aber ausgesprochen leckeres Gericht, das jedem ein Lächeln ins Gesicht zu zaubern vermöge. Ob nun Kochbananen oder die einfachen Bananen aus dem

Supermarkt ist einerlei. Doch sie sollten keinesfalls zu süß sein.

<u>Benötigt werden:</u>
4 Kochbananen
1,5 Liter Wasser
sowie Öl, Salz und Pfeffer nach Wunsch

1 Messer
1 Pfanne
1 Kochtopf

Schäle als erstes die Bananen. Frittiere sie nun in einer Pfanne im Öl bis sie bräunlich werden. Hole sie nun aus dem Fett.
Die Pfanne stelle derweil beiseite. Schneide die Bananen in dickere Stücke. Diese gebe in kochendes Salzwasser. Lasse sie an die 5 Minuten darin sieden.

Drücke die Bananenstücke nun platt. Sie werden gewiss etwas auseinandergehen, achte aber darauf, dass sie nicht zerfallen.
Nun nehme noch einmal die Pfanne und brate die Bananenscheiben darin bis sie schön knusprig braun werden.

Streue Salz und Pfeffer darüber - aber in Maßen.

<u>Anmerkung:</u>
Ob nun als Dessert oder als süße Beilage zu anderen Gerichten, stets sind die Bananen willkommene Abwechslung. Doch achte darauf, dass nicht zu viel gegeben werde, denn sie besitzen sehr viele Kalorien.

Palatschinkenteig

Die klassischen Palatschinken sind ausgesprochen vielfältig. Ob nun gefüllt, pur oder zu Frittaten weiterverarbeitet, so bleibe der Teig dennoch meist der Gleiche.

Benötigt werden:
200g Mehl
250m Vollmilch
3 Eier
sowie Öl, Salz und Zucker nach Bedarf

1 Schüssel
1 Schneebesen
1 Pfanne
1 Schöpflöffel
1 Pfannenwender

Zuerst vermische Milch und Eier mit einem Schneebesen. Füge langsam und kleinweise das Mehl hinzu, rühre aber ständig mit dem Schneebesen weiter. Achte darauf, dass sich keinerlei Klumpen in der Mischung finden.
Füge Salz und Zucker hinzu, doch wenig.

Bringe in einer Pfanne Öl zum Sieden. Nehme nun eine Schöpflöffel des Teiges und gib ihn in die Pfanne.

Sofern möglich, mache es sich natürlich optisch gut, die Palatschinken in die Luft zu werfen und auf der Rückseite wieder in der Pfanne zu fangen. Jedoch mache dies nur, wenn dies Geschick und die Übung dafür vorhanden. Ansonsten nutze lieber den Pfannenwender.

Achte auf eher niedrigere Temperatur. Damit möge sich zwar die Dauer etwas erhöhen, jedoch verhindere es ungewolltes Anbrennen. Sobald der Teig zu einem schönen Fladen geworden und auch etwas bräunliche Farbe angenommen habe, gebe ihn auf einen Teller und widme dem nächste die Aufmerksamkeit.

Anmerkung:
Als Fülle lasse sich so gut wie alles nutzen. Ob nun Topfencreme, Marmelade, Ahornsirup oder selbst deftige Kost, die einzige Entscheidung darüber obliege ob nun süß oder deftig.

Kaiserschmarrn

Der eigentliche Unterschied zu den Palatschinken bestehe lediglich in der Form am Teller.

Benötigt werden:
200g Mehl
250m Vollmilch
3 Eier
sowie Öl, Salz und Zucker nach Bedarf

1 Schüssel
1 Schneebesen
1 Pfanne

Zuerst vermische Milch und Eier mit einem Schneebesen. Füge langsam und kleinweise das Mehl hinzu, rühre aber ständig mit dem Schneebesen weiter. Achte darauf, dass sich keinerlei Klumpen in der Mischung finden.
Füge Salz und Zucker hinzu, doch wenig.

Bringe in einer Pfanne etwas Öl zum Sieden. Gebe die Hälfte (oder bei einer großen Pfanne den gesamten) Teig ins Öl. Achte jedoch auf niedrigere Temperatur. Hilfreich zeige sich bei diesem Gericht auch ein Deckel.

Wende den Teigfladen in der Pfanne. Der passende Moment zeige sich, wenn die Oberfläche nicht mehr völlig flüssig sei. Zerbreche der Teig, so schade dies keineswegs.
Gebe den Teig, sobald er durch sei, auf Teller und zerteile ihn dort mithilfe zweier Gabeln. Die Stücke dürfen ruhig etwas größer sein. Bestreue die Stücke mit Staubzucker.

Anmerkung:
Als Beilage biete Zwetschen in verschiedenen Formen an. Ob nun Zwetschenkompott, Powidl, Marmelade oder frische Zwetschen, alle Variationen passen hier gut.

Mohnnudeln Waldviertler Art

Eine der besten Desserts gehört warm serviert - die Mohnnudeln. Natürlich lassen sich diese mit einfachen Bandnudeln genauso bereiten, doch diese Version ist flaumiger und sanfter im Geschmack.

Benötigt werden:
250g gekochte Kartoffel
100g Mehl
100g gemahlener Mohn
100g Staubzucker
1 großes Stück Margarine
sowie Salz nach Bedarf

1 Kochtopf
1 Kartoffelpresse
1 Schüssel
1 Pfanne

Schäle als erstes die Kartoffel und drücke diese durch die Kartoffelpresse. Mische sie nun mit Salz und Mehl zu einem festen Teige. Ist die angegebene Menge nicht ausreichend, dann füge noch etwas Mehl hinzu.

Nehme nun ausreichend Teig in die Hand um darauf Nudeln zu formen. Sie sollten nicht zu lange sein, annähernd breit wie die Hand. Forme sie ruhig fingerdick.
Nun gib sie in kochendes Salzwasser. Sobald sie oben schwimmen nimm sie aus dem Wasser, dann sind sie fertig.

Erhitze in einer Pfanne Margarine. Darin lasse die Nudeln anbraten, doch achte darauf sie nicht braun werden zu lassen. Gib einen Deckel auf die Pfanne und schwenke die Nudeln darin.

Nun teile die Nudeln auf Teller auf. Mische Mohn mit Zucker und streue diese auf die Nudeln. Als Abschluss gib noch den Rest der Margarine aus der Pfanne darüber.

Anmerkung:
Als Beilage wähle Zwetschkenröster.

Äpfel im Blätterteig

Nutze hierfür ältere Äpfel, diese dürfen ruhig auch etwas säuerlicher sein.

Benötigt werden:
1 Rolle Blätterteig
2-5 Äpfel (je nach Größe)
sowie Zimt und Zucker nach Wunsch und Säure der Äpfel

1 Messer
1 Schüssel

Als erstes schäle die Äpfel und entkerne diese. Schneide sie in kleinere Stücke. Je kleiner die Stücke umso besser und

leichter seien diese zu verarbeiten.
Mische nun die Apfelstücke mit Zucker und Zimt. Lasse sie an die 5 Minuten stehen.

Rolle in dieser Zeit den Blätterteig aus und schneide ihn in größere Quadrate. Gebe in jedes der Quadrate ausreichend Fülle um die Zipfel noch leicht zusammendrücken zu können. Lasse aber die Ränder offen, dies wirke optisch einfach besser.

Nun gebe die so bereiteten Quadrate auf ein Backblech und schiebe dieses ins Backrohr. Wähle an die 200 Grad. Beobachte den Blätterteig. Sobald er leicht goldbraune Farbe annehme, dann sei die Speise fertig.

Gebe sie auf Teller und bestreue sie mit einer Mischung aus Staubzucker und Zimt.

<u>Anmerkung:</u>
Als Beilage wähle Apfelmus.

Kalorientabelle

- **Ahornsirup** *(ca. 266 kcal/ 66,4g Kohlehydrate auf 100g)*
- **Apfel** *(ca. 54 kcal/ 11,4g Kohlehydrate auf 100g)*
- **Apfelessig** *(ca. 20 kcal/ 0,6g Kohlehydrate auf 100 g)*
- **Banane** *(ca. 90 kcal/ 20g Kohlehydrate auf 100g)*
- **Bärlauch** *(ca. 19 kcal/ 2,9g Kohlehydrate auf 100 g)*
- **Birnen** *(ca. 51 kcal/ 12g Kohlehydrate auf 100g)*
- **Blätterteig** *(ca. 373 kcal/ 36g Kohlehydrate auf 100g)*
- **Brennnessel** *(ca. 48 kcal/ 1,3g Kohlehydrate auf 100 g)*
- **Brot** *(ca. 210 kcal/ 44,3g Kohlehydrate auf 100g)*
- **Butter** *(ca. 741 kcal/ 0,6g Kohlehydrate auf 100g)*
- **Champignon** *(16 kcal/ 0,6g Kohlehydrate auf 100 g)*
- **Dille** *(ca. 42 kcal/ 3g Kohlehydrate auf 100g)*
- **Ei** *(137 kcal/ 1,5g Kohlehydrate auf 100 g)*
- **Eierschwammerl** *(ca. 12 kcal/ 2,2g Kohlehydrate auf 100g)*
- **Erbsen** *(ca. 69 kcal/ 9g Kohlehydrate auf 100 g)*
- **Erdnussbutter** *(ca. 626 kcal/ 9,4 g Kohlehydrate auf 100g)*
- **Essig** *(20 kcal/ 0,1g Kohlehydrate auf 100 g)*
- **Fenchel** *(ca. 18 kcal/ 2,8g Kohlehydrate auf 100g)*
- **Feta 45%** *(ca. 273 kcal/ 1g Kohlehydrate auf 100g)*
- **Fisolen** *(ca. 33 kcal/ 5,1g Kohlehydrate auf 100g)*
- **Gemüsebrühe** *(ca. 3 kcal/ 0,5g Kohlehydrate auf 100 g)*
- **getrocknete Datteln** *(ca. 258 kcal/ 66g Kohlehydrate auf 100g)*
- **getrocknete Feigen** *(ca. 255 kcal/ 53g Kohlehydrate auf 100g)*
- **Gries** *(ca. 328 kcal/ 69g Kohlehydrate auf 100g)*
- **Gurke** *(ca. 12 kcal/ 1,8g Kohlehydrate auf 100 g)*
- **Haferflocken** *(ca. 372 kcal/ 58,7g Kohlehydrate auf 100g)*
- **frische Hefe** *(ca. 348 kcal/ 72,3g Kohlehydrate auf 100 g)*

- **Joghurt 3,5%** *(ca. 72 kcal/ 5,3g Kohlehydrate auf 100g)*
- **Kapern** *(ca. 23 kcal/ 4,9g Kohlehydrate auf 100g)*
- **Karotten** *(ca. 39 kcal/ 6g Kohlehydrate auf 100g)*
- **Kartoffel** *(ca. 76 kcal/ 15,6g Kohlehydrate auf 100g)*
- **Kidneybohnen** *(98 kcal/ 15g Kohlehydrate auf 100 g)*
- **Kohlrabi** *(ca. 28 kcal/ 3,7g Kohlehydrate auf 100g)*
- **Knoblauch** *(ca. 142 kcal/ 28,4g Kohlehydrate auf 100g)*
- **Knoblauchbutter** *(ca. 605 kcal/ 1,8g Kohlehydrate auf 100g)*
- **Kochbananen** *(ca. 90 kcal/ 20g Kohlehydrate auf 100g)*
- **Kohl** *(ca. 28 kcal/ 2,7g Kohlehydrate auf 100g)*
- **Kopfsalat** *(ca. 14 kcal/ 1,1g Kohlehydrate auf 100 g)*
- **Kürbisfleisch** *(ca. 27 kcal/ 4,6g Kohlehydrate auf 100g)*
- **Lauch** *(ca. 29 kcal/ 3,3g Kohlehydrate auf 100g)*
- **Liebstöckl** *(ca. 42 kcal/ 5g Kohlehydrate auf 100g)*
- **Linsen** *(ca. 54 kcal/ 6,8g Kohlehydrate auf 100g)*
- **Mais** *(145 kcal/ 18g Kohlehydrate auf 100 g)*
- **Margarine** *(ca. 709 kcal/ 0,4g Kohlehydrate auf 100g)*
- **Mehl** *(ca. 348 kcal/ 72,3g Kohlehydrate auf 100 g)*
- **Mischpilze** *(ca. 12 kcal/ 1,5g Kohlehydrate auf 100 g)*
- **Nussmischung** *(ungesalzen!) (ca. 634 kcal/ 10g Kohlehydrate auf 100g)*
- **Olivenöl** *(ca. 851 kcal/ 0g Kohlehydrate auf 100g)*
- **Paprika** *(19 kcal/ 2,9g Kohlehydrate auf 100 g)*
- **Parmesan mit 35% Fett** *(ca. 374 kcal/ 0g Kohlehydrate auf 100g)*
- **Peperoni** *(28 kcal/ 4,2 g Kohlehydrate auf 100 g)*
- **Petersilie** *(54 kcal/ 7,4 g Kohlehydrate auf 100 g)*
- **Petersilienwurzel** *(ca. 39 kcal/ 6,1g Kohlehydrate auf 100g)*
- **Pinienkerne** *(ca. 674 kcal/ 20,5g Kohlehydrate auf 100g)*
- **Reis** *(ca. 352 kcal/ 74,1g Kohlehydrate auf 100g)*
- **Rosinen** *(ca. 298 kcal/ 68g Kohlehydrate auf 100g)*
- **rote Linsen** *(ca. 316 kcal/ 50g Kohlehydrate auf 100g)*

- *rote Rüben* (ca. 46 kcal/ 8,4g Kohlehydrate auf 100g)
- *Rotwein* (ca. 84 kcal/ 2,6g Kohlehydrate auf 100g)
- *Salatblätter* (ca. 15 kcal/ 1,6g Kohlehydrate auf 100 g)
- *Salatgurken* (ca. 12 kcal/ 1,8g Kohlehydrate auf 100g)
- *Salz* (0 kcal/ 0g Kohlehydrate auf 100g)
- *Sauerampfer blätter* (ca. 22 kcal/ 2g Kohlehydrate auf 100g)
- *Sauerkraut* (ca. 21 kcal/ 0,8g Kohlehydrate auf 100 g)
- *Sauerrahm 15%* (ca. 160 kcal/ 2,9g Kohlehydrate auf 100 g)
- *Schnittlauch* (ca. 28 kcal/ 1,6g Kohlehydrate auf 100 g)
- *schwarze Oliven* (ca. 163 kcal/ 0,7g Kohlehydrate auf 100g)
- *Sellerie* (ca. 162 kcal/ 1,1g Kohlehydrate auf 100g)
- *Semmel* (ca. 251 kcal/ 50,1g Kohlehydrate auf 100g)
- *Semmelbrösel* (ca. 340 kcal/ 72 Kohlehydrate auf 100g)
- *Semmelknödel* (ca. 134 kcal/ 26,3g Kohlehydrate auf 100g)
- *Senf* (ca. 86 kcal/ 6g Kohlehydrate auf 100g)
- *Sojamilch* (ca. 43 kcal/ 2g Kohlehydrate auf 100g)
- *Spinat* (ca. 42 kcal/ 1,8g Kohlehydrate auf 100g)
- *Spitzpaprika* (ca. 21 kcal/ 3,1g Kohlehydrate auf 100g)
- *Suppengrün* (ca. 24 kcal/ 3,6g Kohlehydrate auf 100g)
- *Suppenbrühe* (ca. 5 kcal/ 0,7g auf 100 g)
- *Tofu* (ca. 158 kcal/ 0,6g Kohlehydrate auf 100 g)
- *Tomate* (ca. 20 kcal/ 2,6g Kohlehydrate auf 100 g)
- *Tomatenmark* (ca. 126 kcal/ 20,6g Kohlehydrate auf 100 g)
- *Tomatensaft* (18 kcal/ 2,9g Kohlehydrate auf 100 g)
- *Vanillepudding Pulver* (ca. 107 kcal/ 16g Kohlehydrate auf 100g)
- *Vanillezucker* (ca. 405 kcal/ 99,8 Kohlehydrate auf 100g)
- *Vollmilch mit 3,5% Fett* (ca. 65 kcal/ 4,7g Kohlehydrate auf 100g)

- **Walnusskerne** *(ca. 716 kcal/ 6g Kohlehydrate auf 100g)*
- **weiße Bohnen** *(ca. 89 kcal/ 10,8g Kohlehydrate auf 100g)*
- **Weißbrot** *(ca. 241 kcal/ 48,8g Kohlehydrate auf 100g)*
- **Weißkohl** *(ca. 25 kcal/ 4,2g Kohlehydrate auf 100 g)*
- **Weißwein** *(ca. 72 kcal/ 0,1g Kohlehydrate auf 100g)*
- **Zitronenschale** *(ca. 89 kcal/ 16g Kohlehydrate auf 100g)*
- **Zucchini** *(ca. 21 kcal/ 2,3g Kohlehydrate auf 100g)*
- **Zwiebel** *(ca. 28 kcal/ 4,9g Kohlehydrate auf 100g)*

Nachwort

Ein möglichst schönes Fest und die Freude der Bekochten sollte bereits als Dank gewertet werden. Viele der hier aufgelisteten Rezepte lassen sich auch selbsttätig noch mit klingenden Namen für das jeweilige Event anpassen. Gerade im Fantasy-Bereich empfehle ich die Rezepte mit entsprechenden Namen zu adaptieren.

Natürlich wird nicht jeder alles essen. Aber mit den passenden Beilagen und der Möglichkeit vorab die Spieler zu fragen, lassen sich nicht nur Geld, sondern auch Materialien sparen. Etliche der aufgelisteten Rezepte sind sich zudem als Resteverwertung nützlich. Lebensmittel sind kostbar. Meiner Erfahrung nach zahlt es sich durchaus aus, vorab die zu bekochenden Personen zu fragen, was ihnen schmeckt.

Das Wichtigste an einem solchen Event ist jedoch stets, sein Bestes zu geben und mit Unvorhergesehenem zu rechnen. Aus eigener Erfahrung ist es immer besser noch einmal vor dem tatsächlichen Event alles nachzukontrollieren. Am besten mit Checklisten, aber nicht eine Stunde davor, sondern mit ausreichender Vorlaufzeit.

In diesem Sinne wünsche ich: Mahlzeit und gutes Gelingen!

Herstellung und Verlag:
BoD – Books on Demand, Norderstedt
ISBN 978-3-7392-1051-3

Copyright:
© 2015 Rhiannon Brunner,
Erstveröffentlichung 15.11.2015

Alle Rechte vorbehalten. Abdruck u. Verwendung nur mit schriftl. Genehmigung der Autorin.